觀掌知心入門篇

蘇民峰

圓方出版社

自序

面相看表面，掌相看內心，故有時掌相比面相更為重要，因而有「好相不如好掌」的說法，但其實也不盡然。

掌相看人的才能、思想取向，而面相的主要作用是分析流年吉凶，這是掌相做不到的。

其實，相一定要與掌綜合一起看，才可以分析這個人善於做哪類型的工作，然後再用相分析這個人何時宜守，何時宜攻，故掌與相是缺一不可的。

蘇民峰

作者簡介

蘇民峰　長髮，生於一九六〇年，人稱現代賴布衣，對風水命理等術數有獨特之個人見解。憑着天賦之聰敏及與術數的緣分，對於風水命理之判斷既快且準，往往一針見血，疑難盡釋。

以下是蘇民峰這四十年之簡介：

八三年　開始業餘性質會客以汲取實際經驗。

八六年　正式開班施教，包括面相、掌相及八字命理。

八七年　毅然拋開一切，隻身前往西藏達半年之久。期間曾遊歷西藏佛教聖地「神山」、「聖湖」，並深入西藏各處作實地體驗，對日後人生之看法實跨進一大步。回港後開設多間店舖（石頭店），售賣西藏密教法器及日常用品予有緣人士，又於店內以半職業形式為各界人士看風水命理。

八八年　夏天受聘往北歐勘察風水，足跡遍達瑞典、挪威、丹麥及南歐之西班牙，隨後再受聘往加拿大等地勘察。同年接受《繽紛雜誌》訪問。

八九年　再度前往美加，為當地華人服務，期間更多次前往新加坡、日本，以至台灣地區等。同年接受《城市周刊》訪問。

九〇年　夏冬兩次前往美加勘察，更多次前往台灣地區，接受當地之《翡翠雜誌》、《生活報》等多本雜誌訪問。同年授予三名入室弟子蘇派風水。

九一年　續去美加，以至台灣地區勘察。是年接受《快報》、亞洲電視及英國BBC國家電視台訪問。所有訪問皆詳述風水命理對人生的影響，目的為使讀者及觀眾能以正確態度去面對人生。同

作者簡介

年又出版了「現代賴布衣手記之風水入門」錄影帶，以滿足對風水命理有研究興趣之讀者。

九二年 續去美加及東南亞各地勘察風水，同年BBC之訪問於英文電視台及衛星電視「出位旅程」播出。此年正式開班教授蘇派風水。

九四年 首次前往南半球之澳洲勘察，研究澳洲計算八字的方法與北半球是否不同。同年接受兩本玄學雜誌《奇聞》及《傳奇》之訪問。是年創出寒熱命論。

九五年 再度發行「風水入門」之錄影帶。同年接受《星島日報》及《星島晚報》之訪問。

九六年 受聘前往澳洲、三藩市、夏威夷及東南亞等地勘察風水。同年接受《凸周刊》、《壹本便利》、《優閣雜誌》及美聯社、英國MTV電視節目之訪問。是年正式將寒熱命論授予學生。

九七年 首次前往南非勘察當地風水形勢。同年接受日本NHK電視台、丹麥電視台、《置業家居》、《投資理財》及《成報》之訪問。同年創出風水之五行化動土局。

九八年 首次前往意大利及英國勘察。同年接受《TVB周刊》、《B International》、《壹週刊》等雜誌之訪問，並應邀前往有線電視、新城電台、商業電台作嘉賓。

九九年 再次前往歐洲勘察，同年接受《壹週刊》、《東周刊》、《太陽報》及無數雜誌、報章訪問，同時應邀往商台及各大電視台作嘉賓及主持。此年推出首部著作，名為《蘇民峰觀相知人》，並首次推出風水鑽飾之「五行之飾」、「陰陽」、「天圓地方」系列，另多次接受雜誌進行有關鑽飾系列之訪問。

二千年 再次前往歐洲、美國勘察風水，並首次前往紐約，同年masterso.com網站正式成立，並接受多本雜誌訪問關於網站之內容形式，及接受校園雜誌《Varsity》、日本之《Marie Claire》、復康力量出版之《香港100個叻人》、《君子》、《明報》等雜誌報章作個人訪問。同年首次推出第一部風水著作《蘇民峰風生水起（巒頭篇）》、第一部流年運程書《蛇年運程》及再次推出新一系列關於風水之五行鑽飾，並應無線電視、商業電台、新城電台作嘉賓主持。

○一年　再次前往歐洲勘察風水，同年接受《南華早報》、《忽然一週》、《蘋果日報》、日本雜誌《花時間》、NHK電視台、關西電視台及《讀賣新聞》之訪問，以及應紐約華語電台邀請作玄學節目嘉賓主持。同年再次推出第二部風水著作《蘇民峰風生水起（理氣篇）》及《馬年運程》。

○二年　再一次前往歐洲及紐約勘察風水。續應紐約華語電台邀請作玄學節目嘉賓主持，及應邀往香港電台作嘉賓主持。是年出版《蘇民峰玄學錦囊（相掌篇）》、《蘇民峰八字論命》、《蘇民峰玄學錦囊（姓名篇）》。同年接受《3週刊》、《家週刊》、《快週刊》及日本的《讀賣新聞》之訪問。

○三年　再次前往歐洲勘察風水，並首次前往荷蘭，續應紐約華語電台邀請作玄學節目嘉賓主持。同年接受《星島日報》、《東方日報》、《成報》、《太陽報》、《壹週刊》、《壹本便利》、《蘋果日報》、《新假期》、《文匯報》、《自主空間》之訪問，及出版《蘇民峰玄學錦囊（風水天書）》與漫畫《蘇民峰傳奇一》。

作者簡介

○四年 再次前往西班牙、荷蘭、歐洲勘察風水，續應紐約華語電台邀請作風水節目嘉賓主持，及應有線電視、華娛電視之邀請作其節目嘉賓，同年接受《新假期》、《MAXIM》、《壹週刊》、《太陽報》、《東方日報》、《星島日報》、《成報》、《經濟日報》、《快週刊》、《Hong Kong Tatler》之訪問，及出版《蘇民峰之生活玄機點滴》、漫畫《蘇民峰傳奇2》、《家宅風水基本法》、《The Essential Face Reading》、《The Enjoyment of Face Reading and Palmistry》、《Feng Shui by Observation》及《Feng Shui — A Guide to Daily Applications》。

○五年始 應邀為無綫電視、有線電視、亞洲電視、商業電台、日本NHK電視台作嘉賓或主持，同時接受不同雜誌訪問，並出版《觀掌知心（入門篇）》、《中國掌相》、《八字萬年曆》、《八字入門捉用神》、《八字進階論格局看行運》、《生活風水點滴》、《風生水起（商業篇）》、《如何選擇風水屋》、《談情說相》、《峰狂遊世界》、《瘋蘇Blog Blog趣》、《師傅開飯》、《蘇民峰美食遊蹤》、《蘇民峰●Lilian蜜蜜煮》、《A Complete Guide to Feng Shui》、《Practical Face Reading & Palmistry》、《Feng Shui — a Key to Prosperous Business》、五行化動土局套裝、《相學全集一至四》、《八字秘法（全集）》、《簡易改名法》、《八字筆記（全集）》、《蘇語錄與實用面相》、《中國掌相》、《風水謬誤與基本知識》等。

蘇民峰顧問有限公司
電話：2780 3675
傳真：2780 1489
網址：www.masterso.com
預約時間：星期一至五（下午二時至七時）

目錄

手指篇

目錄

掌紋入門篇

目錄

前言：觀掌知心

一般從事掌相或研究掌相的人，很多時都會忽略了掌的顏色、掌型及手指的重要性，其實有良好的掌紋但缺乏了良好的掌型與手指，在成就上會大打折扣，甚至不能發揮其所長，以至鬱鬱寡歡，常自覺懷才不遇，故掌色、掌型、手指的重要性更甚於掌紋，因有良好的掌型、手指，再加上掌色亦能配合，則即使掌紋一片混亂，亦會得到一番成就。

看掌的步驟，最重要者是掌色，其次是手指，再其次才是掌型與掌紋。所以，下一次你去光顧掌相學家時，若對方一埋首便看你的掌紋，而完全不顧掌型和手指，那你就知道他的功力到底有多深了。

掌色篇

掌色觀察

西洋掌相在觀察掌色時，大多從健康角度出發；而我觀察掌色時，則主要觀察一個人的運程好壞，因西洋掌相盛行於十七、十八世紀，當時的研究學者大多是醫生和心理學家，故對一個人的健康狀態及心理行為，研究得最為透徹。

但我以掌相為職業，當然以一個人的事業成就為出發點，其他健康問題，則留給其醫生處理好了。

以掌相學的角度而言，掌的顏色主要分為白色、粉紅色、鮮紅色、朱砂色、瘀紅色、黃色、青色及暗色。而顏色有長期及短期之分——長期有相同顏色的話，則其代表一生之運氣吉凶；短期內出現某種顏色的話，則代表該段期間的運氣。因此，如想知道個人之短期運氣，察看吉凶好壞，最好就是在每朝洗面之時，先觀察自己手掌的顏色。

白色

這是最好的顏色，掌色愈白代表運氣愈好，為不勞而獲的掌，一生較為清閒。

男性手掌白，一生事業必有成就；女性掌白，則大多能得到美滿姻緣，且丈夫的環境一般在中等以上。

粉紅色

這是次一級的好顏色，意味着其人只要稍為付出一點努力，事事自然水到渠成，一生逆境較常人為少。

惟其性格稍急，故有時交託下屬做事後，卻因為焦急而放不下心，以致偶然亦稍見忙碌。

鮮紅色

鮮紅色為辛苦得財之掌，代表事事要親力親為，明明已將工作交託給下屬跟進，但回頭已放心不下，要親自處理，令自己一生不得清閒。

不過，這仍是一種較易成功的顏色，往往能絕處逢生，事事每有奇遇。

朱砂色

掌色鮮紅而成點狀，也就是整隻手掌由紅點組成，好像有一點點朱砂在手中一樣，故稱「朱砂掌」。

擁有朱砂掌的人，其性格與鮮紅色掌無異，惟其性格較鮮紅掌更急躁，而且缺乏忍耐力，脾氣火爆，下屬做錯事時，甚至會以粗言穢語加以責難，不是一個容易相處的上司。

擁有朱砂掌者，除了脾氣暴躁外，亦是一個心臟容易出現問題的人，但在事業成就上會較鮮紅色掌為佳。

瘀紅色

掌紅而色暗，為勞而功少之掌，一生不得清閒，每每一分耕耘亦沒有半分收穫，屬於較辛苦勞碌及成就一般之掌，故宜在大機構任職或從事專業工作，較易提高生活水平。

黃色

掌色如呈黃色，則不論其色明或暗，均非吉兆。掌色帶黃者，一般較為勞累，大多以勞力來換取金錢，故以從事較低下的工作者居多。雖或間有從事一般文職工作，亦一生不得安閒，屬於身心勞累之掌。

青色

掌色很少會呈現青色，而掌帶青色的主要原因是，掌中現青筋，形成整隻手掌均呈較青之色。

一般而言，掌色帶青以女性較為普遍，代表腹部腸胃易生毛病，每每有腹瀉或便秘之象。長期帶青色者，代表毛病難以根治；而短期帶青之色，則屬於短期性之毛病，長則一年，短則數月，毛病會自然消失。

暗色

掌色帶暗，主要是皮膚表層顏色暗啞，不論底色到底屬於何種顏色，短期內之運程都不會順暢。故發現掌色暗啞而無光彩之時，不宜作重大決定，宜待此暗色過去以後，再作打算。如無可避免地一定要作重大決定的話，亦宜步步為營，留有底線，心中要有所準備，知道怎樣去解決問題。

如掌色本身長期暗啞，則代表一生運程平平，宜腳踏實地，從事一些較專業的工作，或謀求進入大機構工作的機會；做事要加倍努力，不怕吃虧，才有機會提升運氣。相反，如果運程已經不佳，又常常怨天尤人，甚至沉迷賭博，望能一朝發達，那只會把自己推至谷底。

從以上掌色篇，各位讀者可得知掌色對個人運氣，實起了決定性之作用。

掌型篇

七大類掌型

掌型主要分為七大類，即原始型、方型（方型又分為「正方型」及「長方型」兩種）、圓型，篦形、哲學型、尖型及混合型。

掌型主要用以判斷一個人的基本特質，同一條掌紋如出現在不同的掌型，會有不一樣的結果。

以四方型掌為例，這種掌型代表其人現實實際，實事求是，不愛幻想，做事總是按部就班。如出現一條橫向頭腦線的話，則橫向頭腦

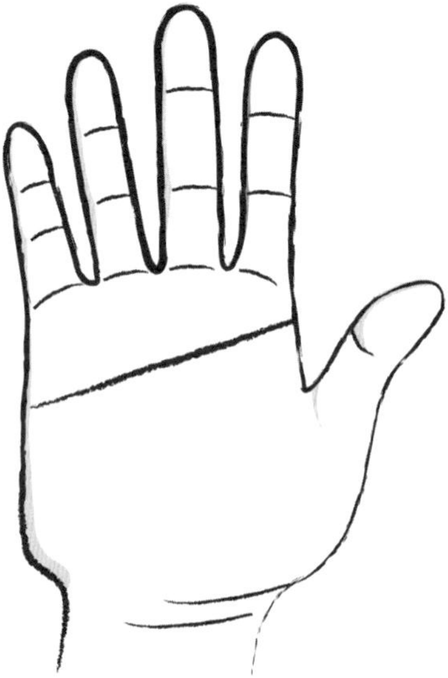

線代表思想實際，不愛幻想，再加上方型掌亦不愛幻想的性格，生活難免較為沉悶。

但如果方型掌配一條稍為傾斜、下垂至太陰丘的頭腦線，則情況會截然不同。因傾斜下垂的頭腦線意味其人愛好幻想。可以想像，當現實的掌型，配上一條喜愛幻想的頭腦線時，自然會為命主的生活增添不少情趣，甚至可作一個富於現實的幻想家，令幻想不致變成空想。

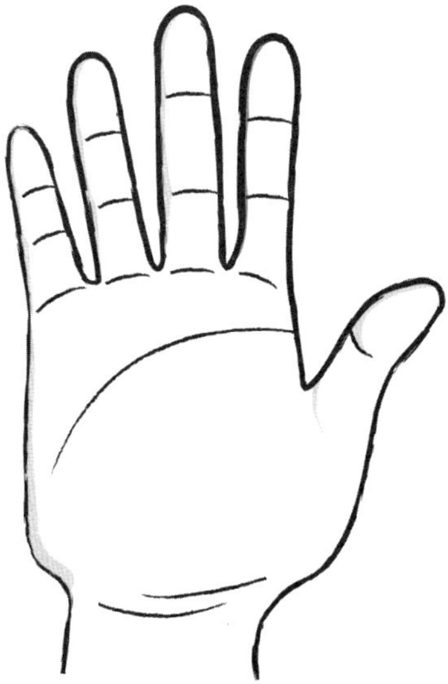

又例如哲學型掌，擁有這類掌型的人，總是理論多多，對於每一樣事情，都有自己的看法。

但哲學型掌之理論大多只浮於事件之表面，可謂哲理多多，不切實際。如再配上一條下垂至太陰丘的頭腦線，則只會加重他們的幻想，令目標更難實現，每天只會沉醉在自己的世界裏頭。

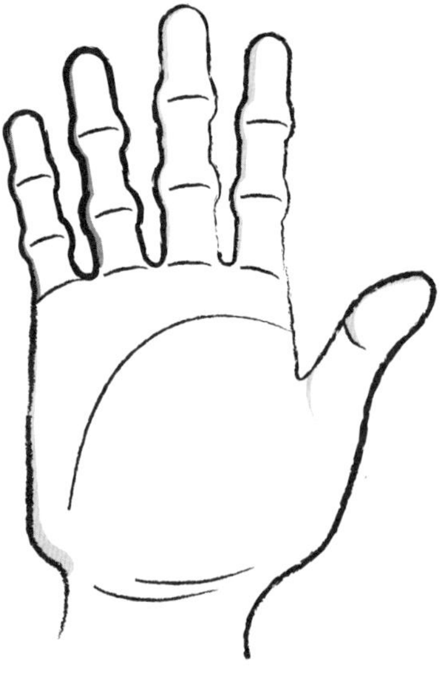

相反，哲學型掌如配合一條橫向的現實頭腦線，便能將其哲學理論運用於生活之中。

從以上兩點，各位讀者應可知道掌型對人之影響及其重要性。

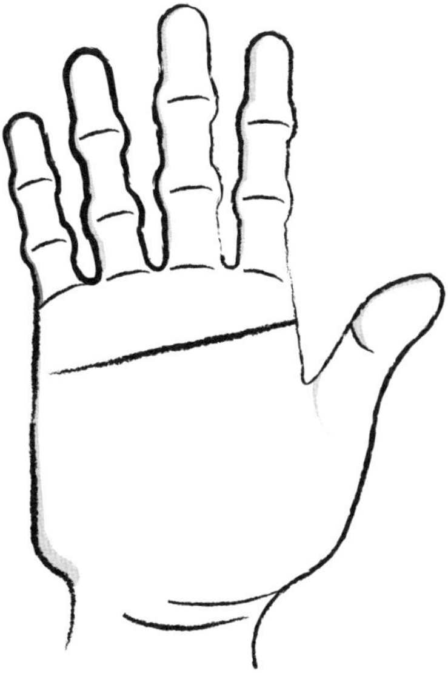

（一）原始型掌

原始型掌，掌型厚、硬，指短，手感粗糙，掌紋少，只有基本之生命線、頭腦線及感情線，有時也會有事業線。

擁有此掌型者，只有本能食慾、色慾，由於欠缺高深的思想，所以只能從事一般機械式的工作，在發達社會較為少見。

由於其人只有本能的慾望，故並無生活情趣可言。他們是一個負責任的伴侶，但不是一個能滿足你的伴侶。

擁有原始型掌者，往往帶有本能之獸性。當他們遇到強大的壓迫時，開始時會退讓，而後再退讓，再退讓，但當到了退無可退之時，便會作出反抗，而其反抗力往往非常強大，強大得有可能作出殺人等犯罪行為。

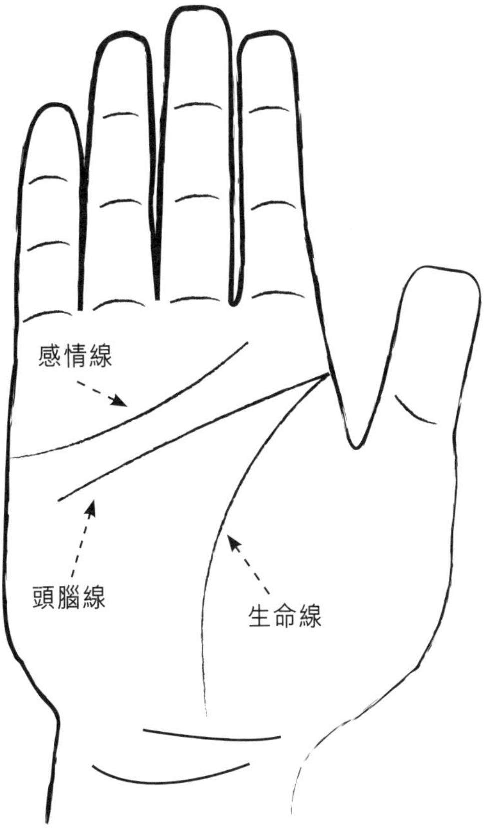
感情線
頭腦線
生命線

（二）方型掌、長方型掌

方型掌掌型較方，手指較長，指甲呈方形狀，掌紋深而清，有事業線，間中也有成功線或其他細小線紋。

方型掌人處事實際，實事求是，人較冷靜，不存幻想，是一個可靠誠實的伴侶；但因此等掌型之人做事過分一板一眼，難免會缺少生活情趣。由於此掌型容易有清晰的事業線，故一般會從事專業或在大機構發展，一生變動較少。

長方型掌是方型掌的變種，只是手掌較長而已。擁有長方型掌的人，往往較易適應社會的變化，思想亦較方型掌的人靈活，生活自然是較有情趣，是一個不錯的終身伴侶。

方型掌在一些生活較穩定的地方較為常見，尤其是手工藝發達的國家如瑞士等地，則更加普遍，因方型掌人能夠長久從事一些重複性工作而不厭倦。原來方型掌一般手掌較大，這亦代表他們從事精細的手藝工作時，最為出色。

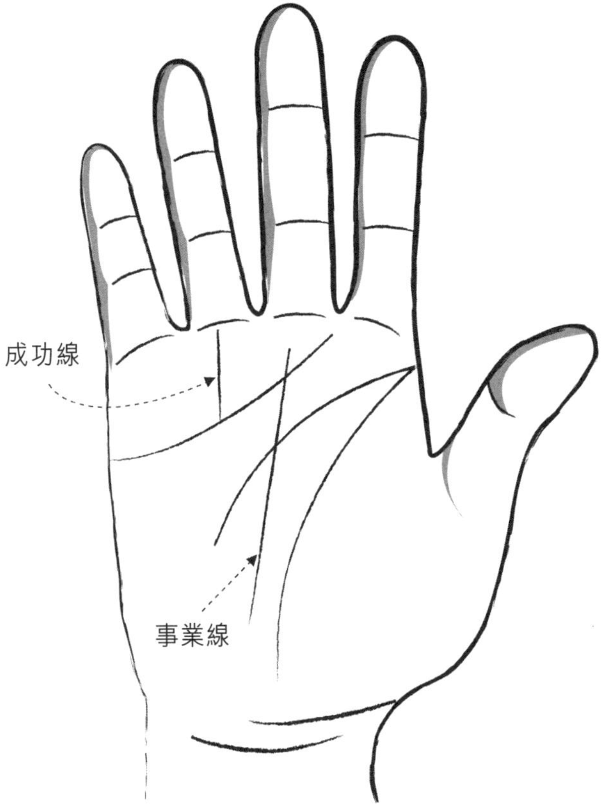

（三）圓型掌

擁有圓型掌之人，其手指會呈圓錐型，而且掌邊圓，掌厚有肉，肉質有彈性，掌色一般較紅潤。

圓型掌人處事較靈活，容易適應社會變化，愛美，好藝術；但其性格往往衝動、善變、意志不夠堅決，且易為環境所動搖，故圓型掌人需要一隻長而大的拇指作支援，才容易得到成功，而拇指長度一般以達到食指第三節之中線為理想。

圓型掌人雖然善於交際，但卻欠缺耐性。感情上，他們是不錯的伴侶，生活亦較有情趣，惟桃花較重，感情不定，但對妻兒仍能負起一定之責任。圓型掌較宜從事商業性之工作，因其善於應變且手腕圓滑，為人八面玲瓏，左右逢源。事實上，很多成功商人都擁有圓型掌，其次如外交家、音樂家、政治家及出色的演員，都很容易配上圓型掌。

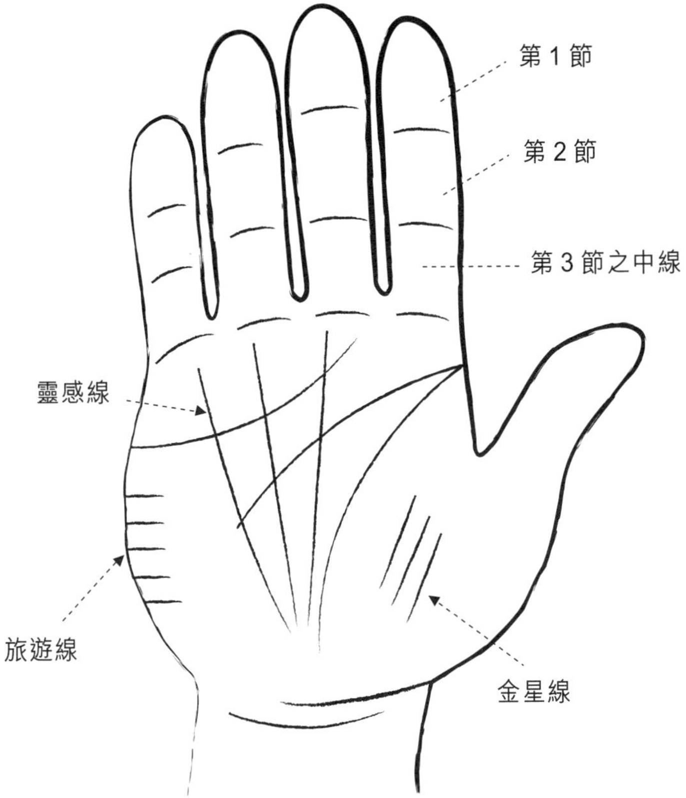
第 1 節
第 2 節
第 3 節之中線
靈感線
旅遊線
金星線

（四）篦型掌

篦型掌的特點是指甲呈扇形狀，即手指甲之上部較下部闊，狀如蜆殼。

這種掌型的人活動力強，愛冒險，有創作才華，對於機械結構性的工作特別有天分。

由於篦型手的人活動力強，所以一生難於定性，常常喜歡往外跑；又由於好奇心重，故容易成為航海家、探險家、發明家。所以與這種人交往時，首先要考慮自己能否適應他們的不安定生活。

篦型掌人擁有無窮的創造力，尤以機械結構的創作最為出色。又因其手指靈活，所以亦不難成為一個出色的鋼琴演奏家。

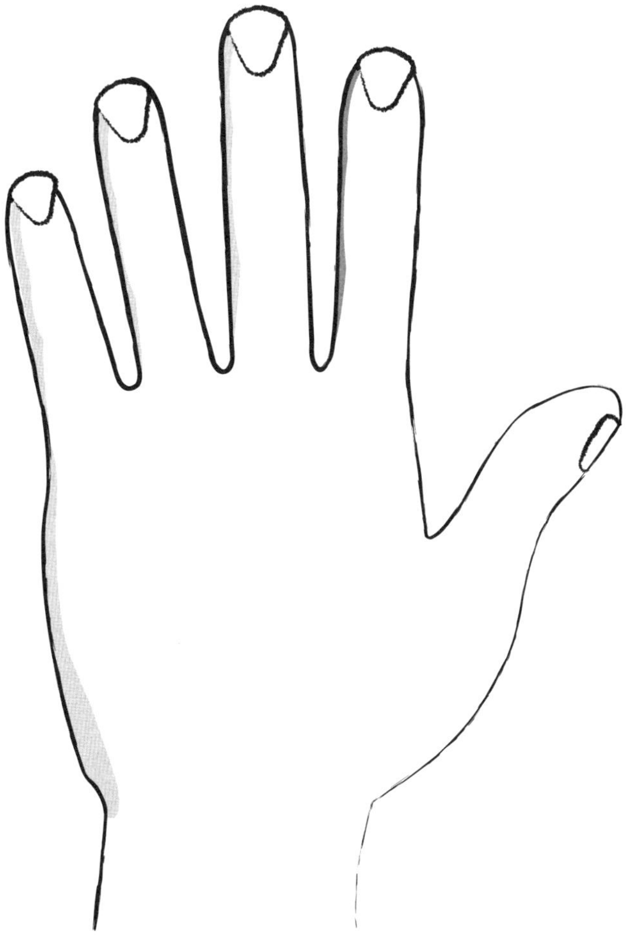

（五）哲學型掌

哲學型掌之特點是手指起節而露骨，手指縫疏，手指與手指之間有縫隙。

哲學型掌在發達的社會比較常見，這類人理論較多，對每件事情都有自己的獨特見解。然而，擁有哲學型掌的人，大部分拇指都不能達到食指第三節中線的標準長度，所以大部分哲學型掌的人都會流於空想，欠缺行動力。

此外，他們的手指基部往往會有很多混亂的金星帶，而混亂的金星帶代表其人敏感，容易胡思亂想，以致感情及情緒不定，所以，大部分哲學型掌的人都難有所成。

成功的哲學型掌，首要條件是大拇指長而有力，掌紋深而少，金星帶清或無金星帶，這樣則代表行動力強，能把理想付諸實行，也有超然於世外的思想，能成為大哲學家、理論家、宗教家。

哲學型掌在香港可謂甚為普遍，但大多數都缺乏強大拇指的支持，加上掌紋混亂，以致難有所成。不過，如能加強其做事決心，減少空想，當能把個人的潛力提高，邁向成功。

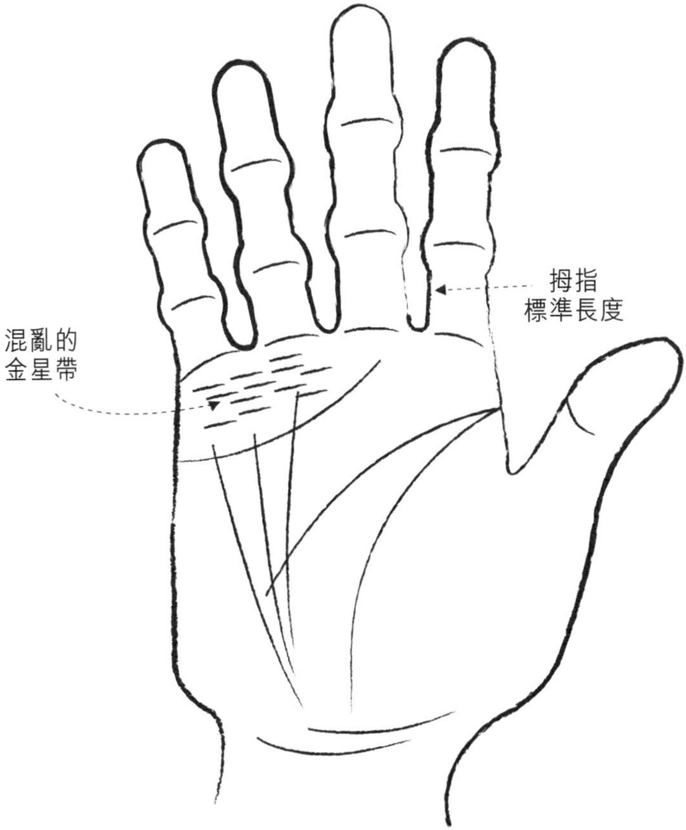

（六）尖型掌

尖型掌的手指尖或呈尖形狀，掌長而窄，手指較瘦，間或露節，掌型較薄，掌紋之多為眾掌型之冠，但當中有很多都是沒有意思的亂紋。

此種掌型的人富有審美眼光，愛好漂亮的東西，但一般掌紋較花，代表其人興趣多而雜，極難專心致志的向一條路發展。如這種掌型能配上一隻長而有力之大拇指，則每有突出的表現，不難成為傑出作家、小説家、作曲家。不過，這類人在逆境中較欠缺生存能力，所以一日遇上逆變，就容易放棄自己，走向絕路。

擁有尖型掌的人，掌色呈白者，大多生於富裕之家，一生不用為生活操勞，但卻有容易生活在自己幻想之中的弊處。若尖型掌配上赤紅掌色，則大多出身平凡，無家庭輔助；女性則夫緣亦較差，常常要為夫操勞，有如天使跌落凡間，不得不面對現實。

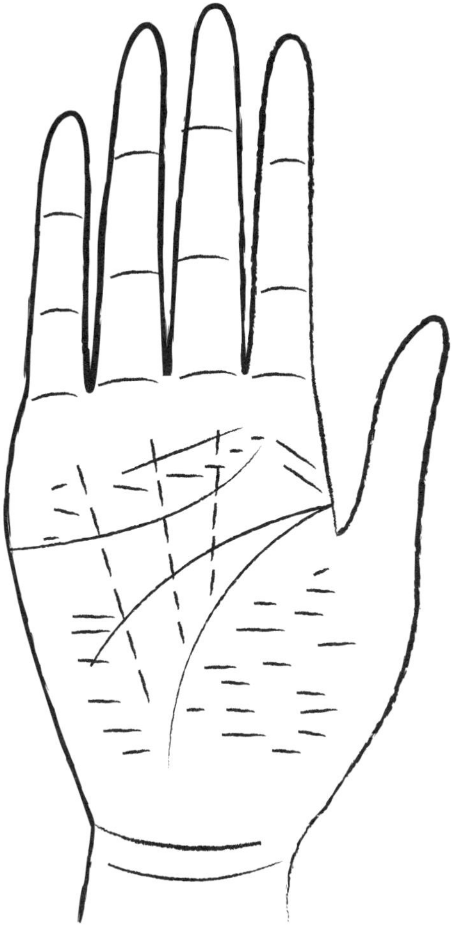

（七）混合型掌

擁有混合型掌的人，在其五隻手指中，可能出現三種以上不同掌型特徵的手指。這不是說他們具有以上三種掌型的才華與特性，而只代表其人沒有一種獨特的個性，時而這樣，時而那樣，最終反而一事無成。

擁有混合型掌的人，並不清楚個人智力有限、生命有限，卻以有限去追求無限而招致失敗。他們在各種場合或面對不同人物時，好像都能應付自如，但當遇上真正的專家時，馬上便會啞口無言。這類人常常覺得自己懷才不遇，認為自己空有滿腹經綸但卻得不到別人賞識；不過，他們沒有想到，博學有時等同無知。

與這種人交往，初期容易被其博學多才所吸引，但相處下去，便會發現他們的博學只是流於表面，每樣學說其實都只懂一點皮毛而已。

一般而言，混合型掌在發達社會較為多見，是我們口中所說的「世界仔」。不過，這種人有時會走向極端，做出極端行為——如中指挺直、大拇指強而有力、頭腦線深長而平直的話，尚可控制情緒和局面，且在事業上亦能有一番成就；但如中指歪曲、拇指弱小、頭腦線下垂或混亂，則情緒難受控制，有時甚至會做出犯罪行為。

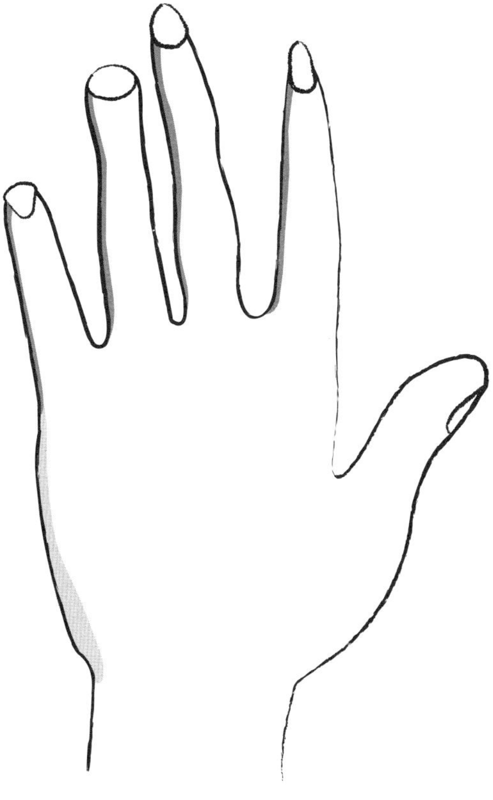

掌厚掌薄

很多看相師傅都說，掌以厚為佳，薄為不佳。其實並不盡然，因為掌厚掌薄只能用以反映個人性格而已，不能直接以此來判斷其人能否成功。

掌厚

掌厚者，要配合手掌之軟硬度，才能判斷其人之吉凶善惡。一般掌厚的人，生命力會較掌薄的人強盛；但厚而硬者，則只代表他體力充沛，能從事體力勞動之工作，遇逆境之時不會退縮而已，並不代表他會有一番事業成就。又掌厚而硬者，一般多為勞工階層。

相反，掌厚而軟，則為運氣與智慧的結合。因掌厚的人容易絕處逢生，每遇逆境都能安然度過；而掌軟之人就較喜歡運用智力，若智力運用恰當，人自然頭腦靈活，處事得宜。故掌厚而軟者，大多能在社會上、事業上有出色的成就。

掌薄

掌薄不一定不好，主要是察看顏色能否配合，如配上白色或粉紅色，則一生清閒安逸；如配上暗紅、黃瘀等色，則體力不佳，體弱多疾，運程平平，一生難有成就。

掌軟掌硬

中國人有謂：「掌軟如綿，閒且有錢」，這句說話雖不中亦不遠矣。因掌硬代表為人固執，不容易接受人家的意見，而且難以接受新事物；雖然有時堅持自己的信念而行，偶然會有成功的例子，但始終不多，因為即使堅持己見，亦需知道社會瞬息萬變始有所成。故此，掌硬的人大多勞碌無成，尤其在發達的社會裏，更會欠缺生存能力，只能從事一些體力勞動的工作；相反，如在平淡或較落後的社會，則能突顯其堅忍的精神。

掌軟的人大多能善用智慧，在現代知識型的社會裏，智慧比勞動力更為重要，且掌軟的人掌色亦會呈現較淺的顏色，這樣代表他們的運氣相當旺盛。有知識再加上有運氣，成功機會當然比一般人高。所以，無論掌薄掌厚皆不重要，最重要為掌軟掌硬，手掌軟的話，即使薄如紙，亦一生富裕，有一定的成就。

常常聽到，有些看相的人謂掌軟掌薄為風塵之掌，其實這個說法根本毫無道理。他們說掌軟掌薄的人生性懶惰，不喜歡勞動工作，故容易淪落風塵，但這其實只是他們一廂情願的想法。

事實上，每個年代的社會結構都不同——古代掌軟的女子可能容易淪落風塵，是因為古代為農耕社會，除非出身富貴，否則必定要勞動方得溫飽，故掌軟的女子如非出身富貴，又不想用勞力去經營生活的話，便容易淪落風塵。但現代社會愈來愈富裕，出身小康甚至富貴家庭的人，屈指難數；加上在知識型社會裏，掌軟而薄的女子大可從事設計、藝術或其他運用智力的行業謀生，何須淪落風塵？況且，淪落風塵做舞小姐也好，一樓一鳳也好，根本並非想像中舒服，那種苦況只是他們不理解而已。所以，在現代社會，掌薄而軟的女子，不單不會淪落風塵，甚至能在事業上得到一定成就，亦容易嫁到一個好老公；相反，掌硬的女性，則不管厚薄，皆為操勞之相，大多不能坐享夫福。

掌大掌細

有些人的手掌與身體比例較大，有些則較小。

原來，掌大的人善於做精細的手工藝；相反，掌細的人則善於籌謀策劃。所以，掌大掌細在現代社會只代表各司其職，並無好壞之分。

但在古代社會或尚未發展成熟的國家，掌細身大的人，代表容易處於領導地位；相反，掌大身細者，則要靠自己的勞力去爭取成就。

手指篇

觀察手指

手指在掌相學上佔着極重要的位置，其影響力僅次於掌色，因掌型主要用以察看個人的本質，與能否成功並無直接關係，但手指則不然。

事實上，即使掌色不佳，掌型不正，只要手指優美，各指長度達至標準線，亦能創出一番成就，而成就之大小，則要再配合掌型及掌色。

看手指之前，首先要察看指甲的形狀及軟硬情況。指甲形狀會影響性格，軟硬則與體質有關。

指甲形狀

方形

一般指頭呈方形，指甲也會呈方形。擁有方形甲者，體格強健，活力充沛，能夠承擔較艱巨的任務，有開創之精神。

長方形

指甲愈長，便愈趨於心性型質，主其人較為敏感，反應亦較敏銳，喜歡追求新知識，亦較容易接受新思維、新事物。

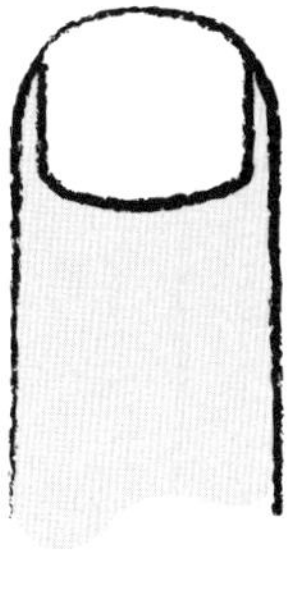

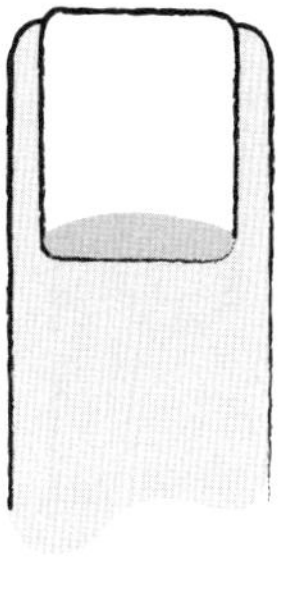

窄長方形

窄長方形的指甲，一般多出現在女性手上。得此甲形者，為人愛美，對生活細節較為注重，且性格極度敏感，情緒不定，常常改變主意，易發小姐脾氣，容易有呼吸系統之毛病，體質一般較差。

短呈方形

此種甲形的人性格極為神經質，精神常處於緊張狀態，容易有咬手指甲的習慣，令指甲看起來更短更方。這類人缺乏安全感，常常需要有人在身邊陪伴，才能令其不安的情緒穩定下來。

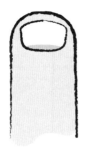

圓形

一般而言，擁有圓形甲的人之指頭也會較圓。圓形甲的人富審美眼光，如配上無名指長、頭腦線下垂，就更有藝術天分了。

貝殼形

此甲形的人活動力強，破壞力也強，如家中小孩有此種指甲，你家裏的電器用品就遭殃了。因為有此甲形的人好奇心極重，他會把家中電器拆開，研究內裏組合，然後再把它還原。所以，如果家中的小孩有貝殼形指甲的話，最好主動將一些舊電器給他拆嵌，以滿足其研究精神，以免令其他新電器遭殃。此甲形之手指靈活而有技巧，故不難成為出色的鋼琴演奏家或機械發明家。

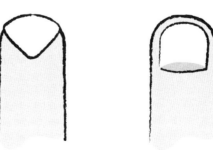

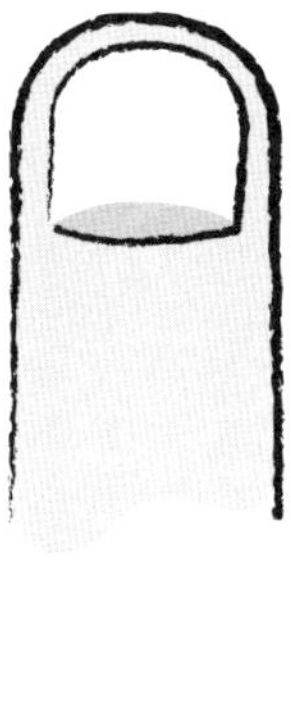

指甲軟硬

指甲軟硬可用以判斷其人的身體強健與否。

硬甲

指甲硬而有彈性者，一般身體狀態良好，體格強健。但硬而脆者則相反，代表身體內臟必有毛病。由於常用的手看三十歲後，故若左右手甲軟硬不同，就可判斷其三十歲前後有不同之健康狀況。

軟甲

一般體格較差，但只要不是太軟便問題不大。此外，男性指甲一般較硬，而女性指甲則一般較軟。

指甲看疾病

坑紋

指甲一般之生長期為六十天，故可以此察看短期內的身體變化。比如指甲明顯有橫間或坑紋，就代表短期內曾有過較嚴重的疾病。

約三十天前

約四十天前

指甲反向外

指甲扁平且向外反的話，代表身體有毛病，可能是因營養不良而導致筋骨、關節出現問題。

指甲向內包

這種指甲向內包的情況較為常見。向內包的指甲，一般較厚較硬，而厚硬的指甲代表體格較為強健。

此甲型以女性較為常見，意味女性夫緣薄弱且無助力，事事要親力親為，屬於較辛苦之甲型，且易有肝肺之毛病。

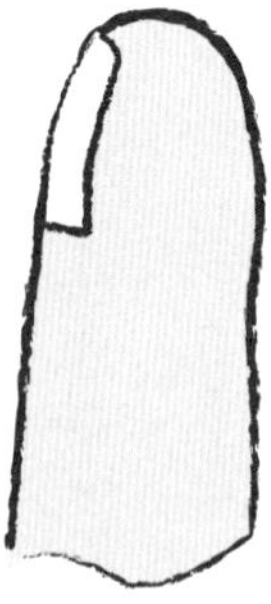

指甲有白點

代表當前之身體、精神狀態不佳，可能會有疾病或傷痛的事情發生。

指甲有垂直坑紋

指甲滿佈垂直坑紋，而坑紋較深的話，代表其人辛勞過度或神經衰弱。長期營養不佳，亦容易有此現象。

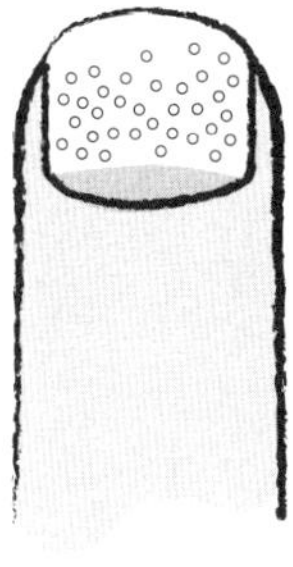

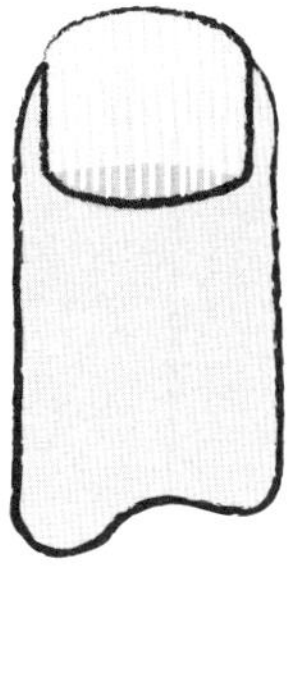

指甲半月

指甲基部一般會出現一個半月形而顏色較白的部分。

這半月在大拇指最大，然後順序食指較細，中指再細一點，至無名指及小指則更細或甚至無半月紋。這是正常現象。

半月紋一般佔手指甲面積的五分之一，此比例以大拇指較為準確。半月形過大或過小，均表示心臟容易出現毛病。

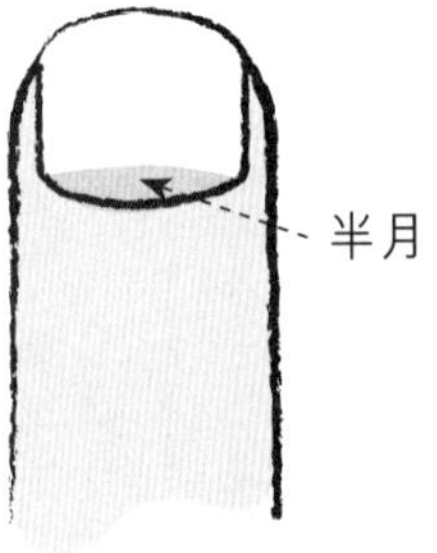

半月過大

半月過大，代表血液循環過急，容易出現血壓高的問題。

半月過小

半月過小，代表血液循環太慢，容易出現血壓低的現象，引致貧血或腦貧血的毛病。

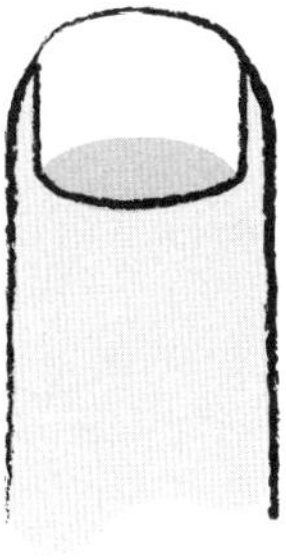

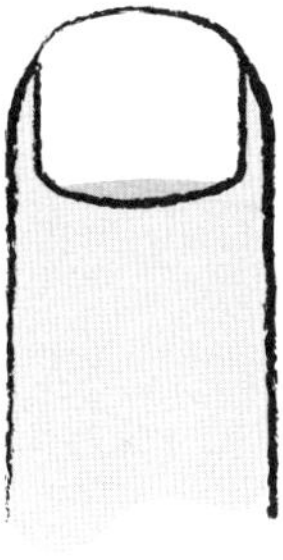

手指形狀

手指有長，有短，有粗，有幼，有平滑，有起節，而各有不同的代表。

手指長短

判別手指的長短，有特定的量度方法。手指長短其實是按手掌的比例計算的，大多數人的手指跟手掌長度相若。雖然表面看來，有些人的手指會較長，有些人的手指會較短，但經過量度之後，大部分人的手掌跟手指長度差不多都是一樣的。所以觀察手指長短之時，不要被表面的錯覺所影響。

手指長度，應從手背之指骨量度至指尖；而手掌的長度，就是從手掌、中指之基部量度至手頸線。

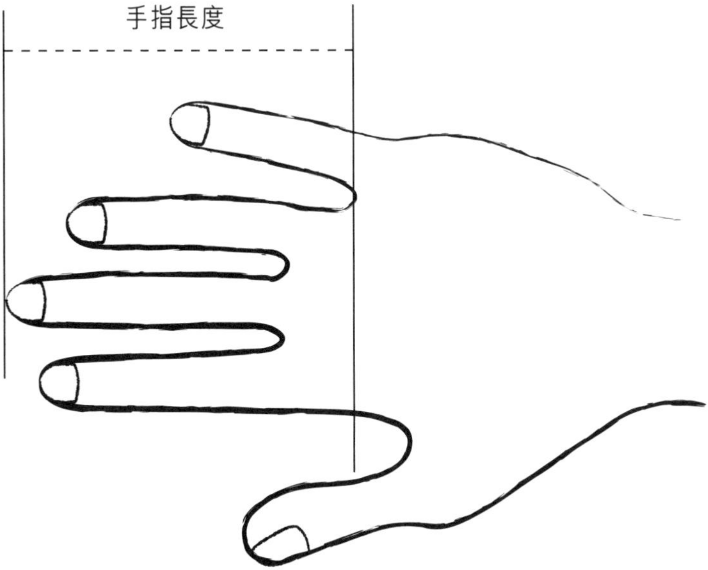
手指長度

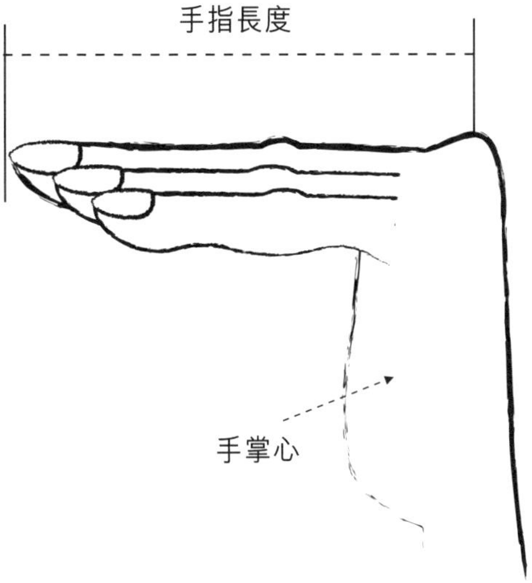
手指長度
手掌心

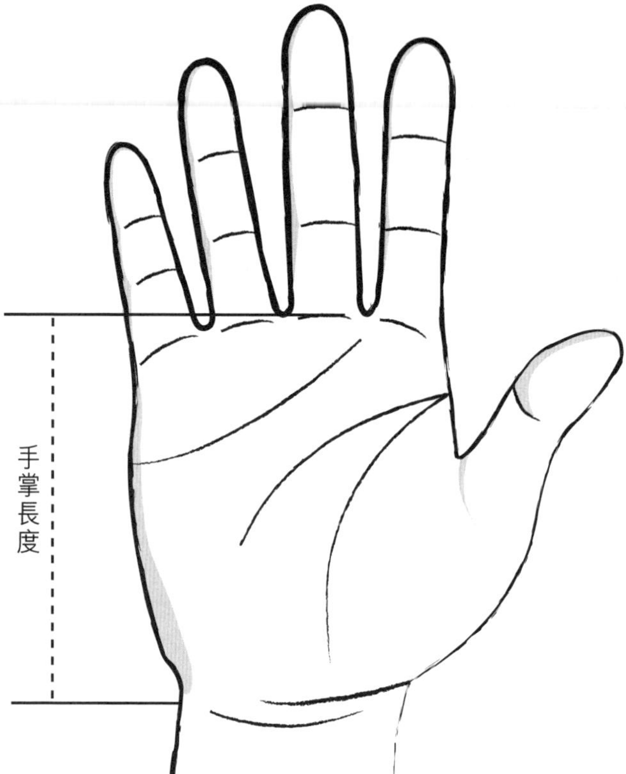

從中指基部之橫線量度至手頸線，
即為手掌之長度。

長手指

手指代表思想，手掌代表行動，因此指長掌短的人，長於思想而短於行動，適宜從事大量思考而不用做決策的工作。

短手指

手指短於手掌，代表其人性格衝動，每每未經深思熟慮便去行動，以致做事容易出錯。因其不善思考，所以不宜從事思考性之工作。

手指手掌長度相若

指掌長度相若，代表思想與行動一致，是較理想的配合。雖然成功與否還要配合掌色及各手指之長短觀察，但總體而言已算不錯。

手指粗幼

手指粗而有力，一般身體狀況較為良好，體力較佳，反應敏捷，為人亦比較開朗。

相反，手指較幼的人則較為感性，屬於心靈型的指型。但如果手指過幼或呈皮包骨狀，就名為「雞爪手」，這類人體力不佳，腦力亦不佳。

男性如有「雞爪手」的話，一生難有成就；女性有此指型者，則情況略佳，可從事較穩定的工作或依靠丈夫。

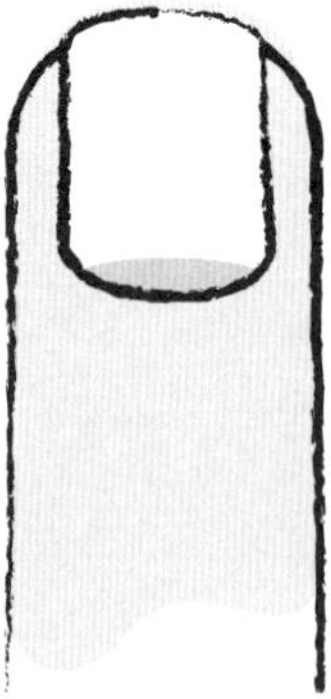
粗手指

幼手指

手指平滑、起節

手指平滑與起節否，與掌之肥瘦沒有直接關係。也就是說，手掌肥的人，手指可以起節；手掌瘦的人，手指也可以平滑。

手指平滑

吸收新訊息時，一般是由手指頭傳入，經過手指，再儲存到手掌之中。故手指平滑之人，在吸收新知識時會較為迅速，但缺點是較為善忘。

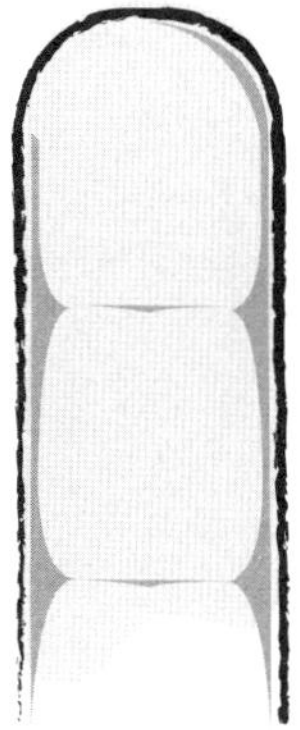

手指起節

手指起節是指手指骨大而凸出，在手掌併攏之時，各手指之間會出現縫隙。

手指起節之掌，吸收能力往往較慢，皆因手指起節會阻慢訊息的傳遞及吸收，但好處是對每件事情都會慢慢分析，慢慢過濾，而且因為過程較為長久，故印象必然深刻。因此，手指起節代表吸收慢而印象深刻。

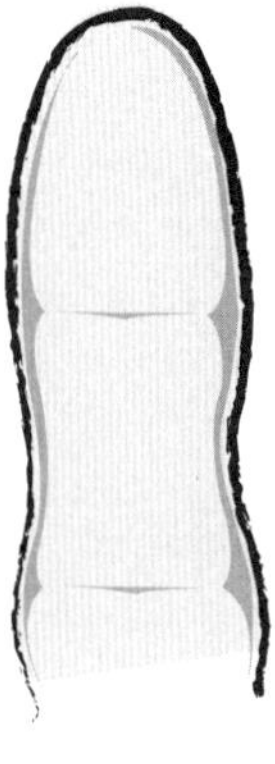

各手指之獨立意義

各手指有其不同之獨立意義，其重要性比掌紋還重要，是直接決定其人是否擁有成功條件的指標。

（一）金星指（拇指）

金星指即大拇指，是整隻手掌最重要的部分，因為如擁有長而良好的金星指，其人已具備了成功的條件。

金星指要求的標準長度是指尖能觸及木星指（食指）第三節之中線，長及中線

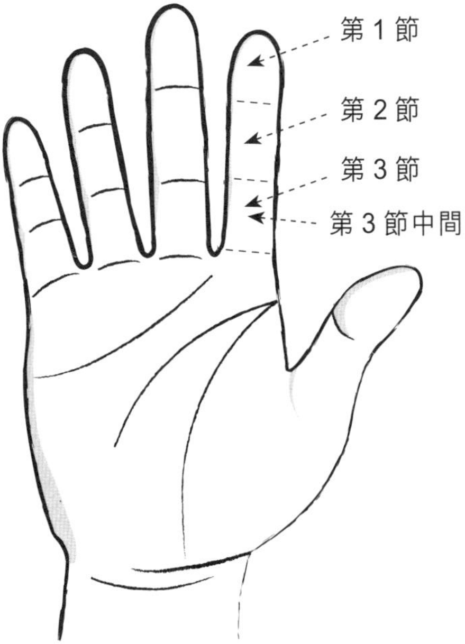

為合格，長於中線為長，短於中線為短。金星指愈短的人，愈難成為成功的人物。

金星指代表一個人的決斷力。金星指長的人十分果斷，對於決定了的事情一定會付諸實行。我常說，夠膽嘗試的人有二分之一機會成功；單想不做的人，一輩子也不會成功，而金星指短的人，正好有這種性格——一生理想多多，但總不會付諸實行，常常覺得

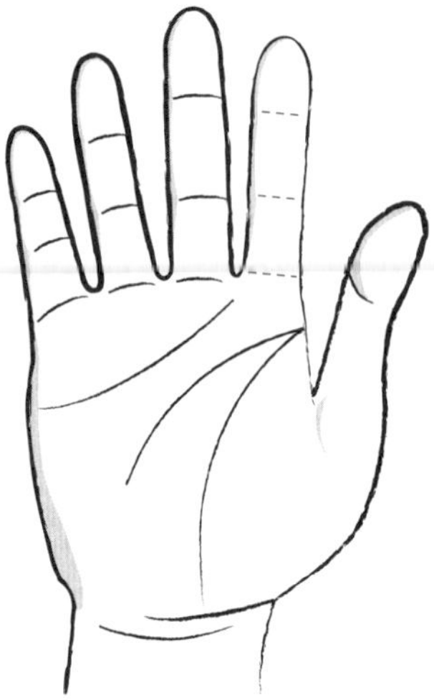

長的金星指

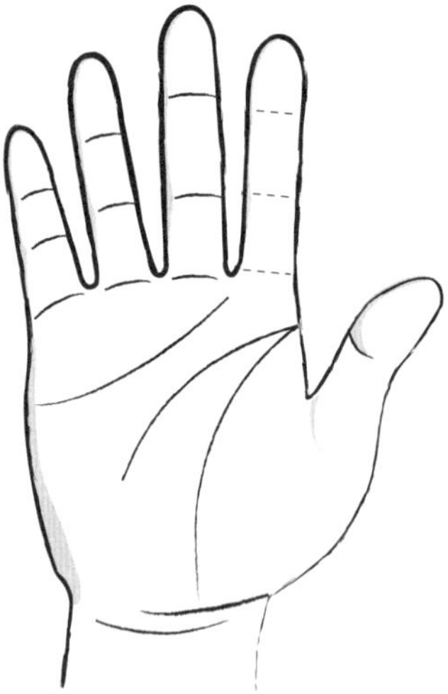

短的金星指

自己懷才不遇。其實，他們到底有沒有覺察自己的缺點呢？

金星指第一節代表決斷力，第二節代表理論。大部分人都是第一節短而第二節長，此乃正常現象，因為大多數人都是思想快而行動慢。

鳳眼

拇指第一節及第二節中間如見一個眼紋，在中國掌相學中稱為「鳳眼紋」，女性得此紋的話，代表能嫁得一個好丈夫。但我經過二十多年的觀察，發現這個理論並不準確。可能這在古代是正確的，但在現代社會，已不能單看一個鳳眼紋便決定其婚姻之好壞。

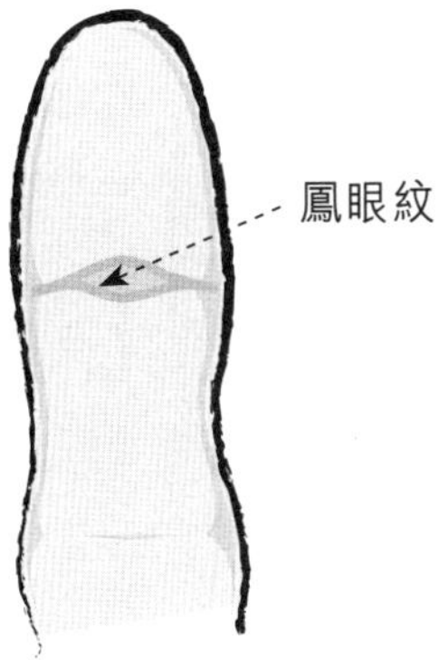

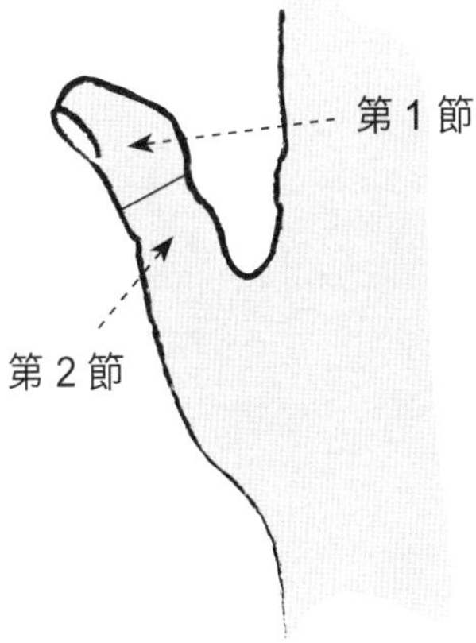

蜂腰型金星指

金星指第二節較瘦或呈蜂腰狀，代表其人口才較佳，思想敏捷，有辯論才華，善於辭令，適宜從事要用嘴巴的工作，如律師、演説家、政治家及銷售行業等。

平滑之金星指

擁有平滑金星指的人，為人坦白，不善修飾，反應迅速，做事喜速戰速決，但有時不免流於衝動。

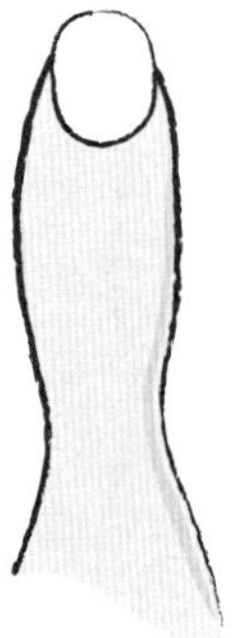

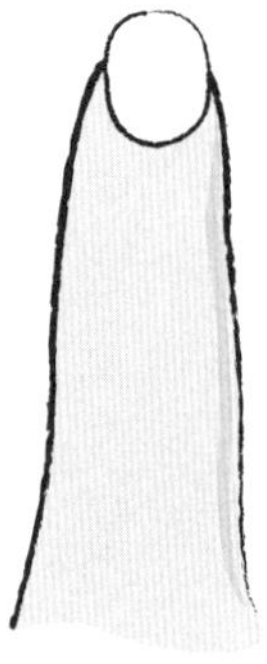

金星指第一與第二節中間之指骨突露

這類人做事熱心，但持久力不足，容易變成虎頭蛇尾。

金星指強硬挺直

這類人往往很固執，處事總是堅持己見。如金星指長度到達合格線，代表其人雖然固執，但能夠按照自己的計劃去實行。

相反，如配上一隻短而不合格的金星指，則代表為人固執，不容易接受別人的意見，但自己又缺乏主意。試問這種人怎會得到成功？

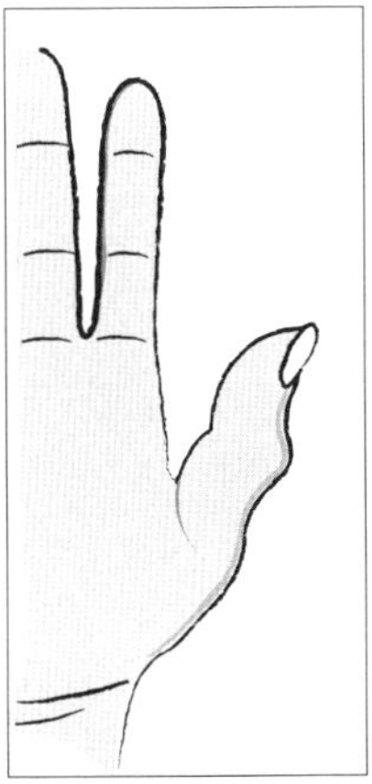

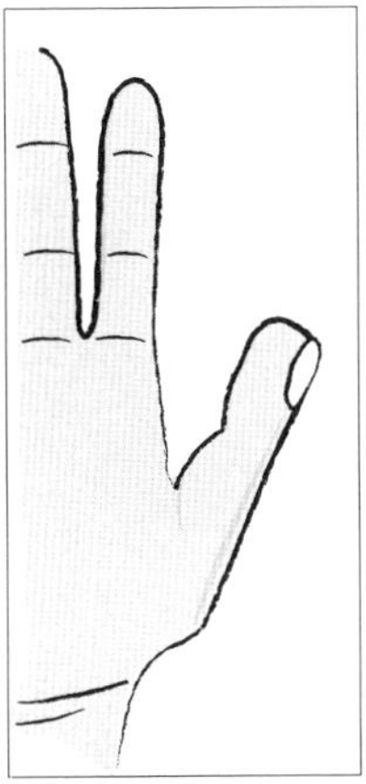

金星指雖硬，但能微微向後彎

這類人雖然很有主見，但亦樂於接受別人的意見，且其人較為豪爽，容易有樂觀的性格。

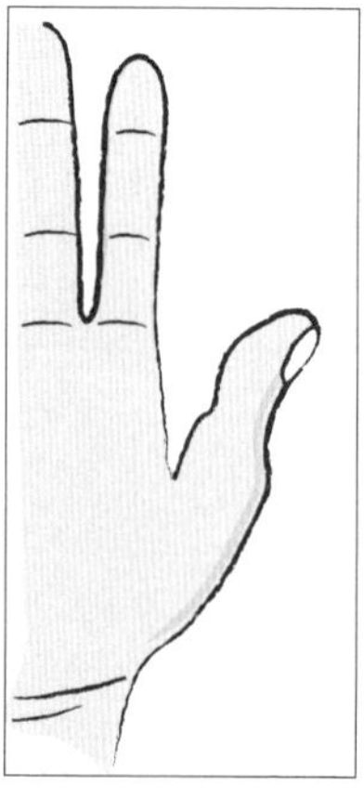

金星指軟弱無力，極容易向外屈出

金星指軟弱無力的人，意志力不堅，易為環境所動搖；如金星指短小則更甚，只適宜從事穩定性的工作。

如擁有這種金星指的人沉迷賭博，只會十賭九輸，因這類人的性格在賭博場中，只要有一點點收穫便會很開心，馬上收手，且會沾沾自喜；不過，他們最終又會因受不住引誘而再次落場賭博，若然運氣急

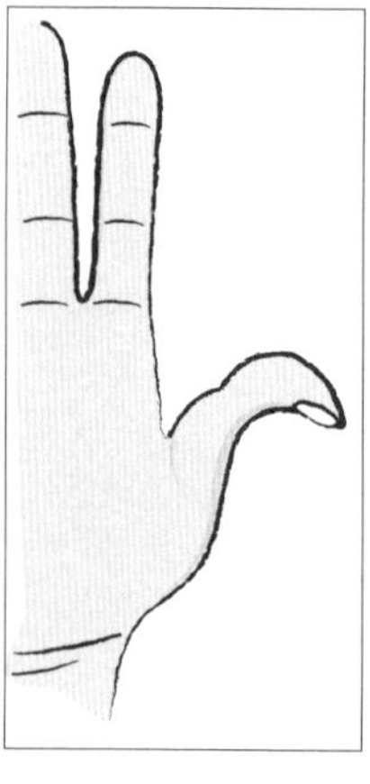

跌，輸錢的話，便會賴着不走，直至輸光為止。

金星指軟弱，但長及合格線者，代表其人平時雖然主見不強，但一旦遇上重要事情時，則較容易有明確的決定，是一個容易成功的人。

金星指第二節起角

金星指第二節起角，稱為「節拍角」，主對音樂的拍子特別敏感。由於心中已有拍子存在，所以在學音樂的時候，往往不需用拍子機輔助。

金星指第三節起角

此角愈大，對聲音愈敏感，可以在混亂的樂聲中，仔細分辨每一種樂器的聲音。

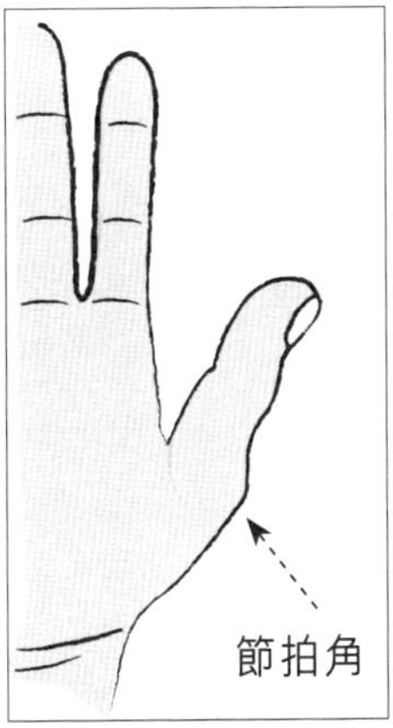

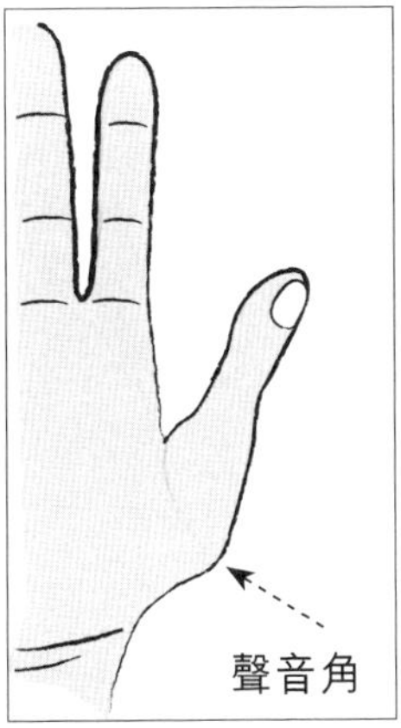

金星指指頭呈方形

方形的金星指指頭，能增強其人的實際性。但如果配上方型掌，則為人過分實際，不善變通。

金星指指頭呈圓形

圓形的金星指指頭，能增強其人的變通性。這類人往往有愛美的傾向，惟個性容易衝動。如配上圓型掌或見掌長指短的情況，則上述性格會更為明顯。

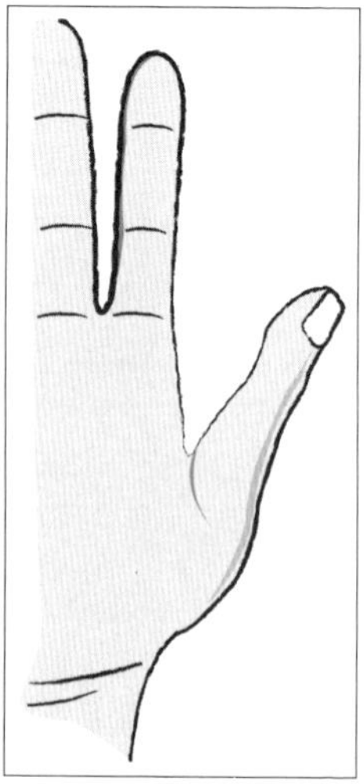

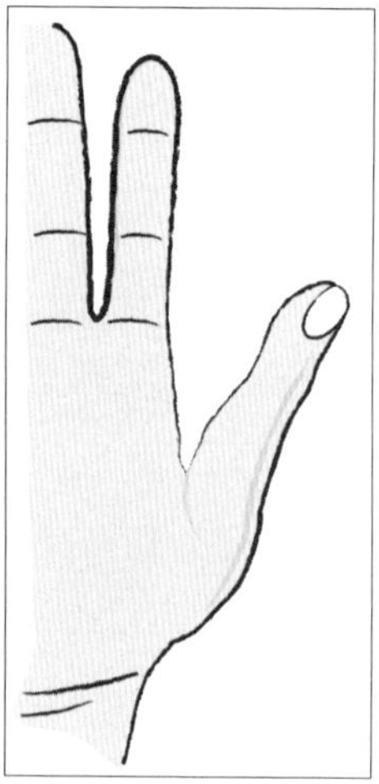

手指篇

金星指指頭扁平

金星指指頭扁平的人，性情不定，無主見，思想容易受人左右，做事猶豫不決，且對人疑心很重，不是一個容易相處的人。

金星指指頭呈篦形

金星指指頭成篦形者，為人獨立，有創造力，活動力強，精力充沛。

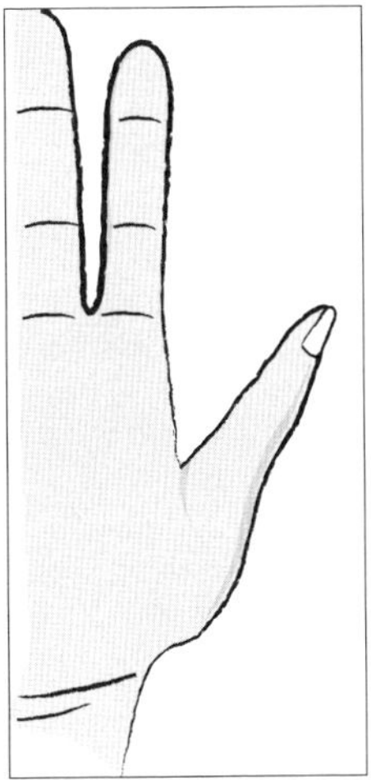

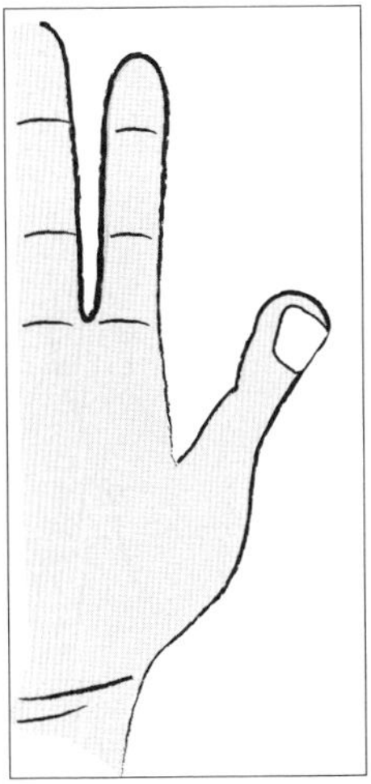

金星指指頭呈棒頭形

很多相書均有記載棒頭形的金星指。這類人知識淺薄，脾氣猛烈，且有暴力傾向；脾氣爆發之時，甚至有可能控制不了自己，有殺人的行為。

不過，在現實生活中，我時常都會接觸到擁有棒頭形金星指的人，但並無發現他們有暴力傾向。

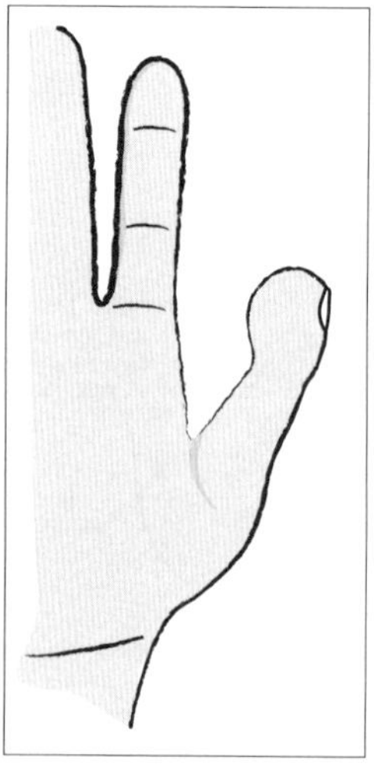

由於棒頭形金星指比一般金星指為短，多不能觸及標準線，所以他們是屬於較沒有決心的一類，其他並無特別。

香蕉形金星指

金星指粗長而硬、完全不能向後彎、平直而不起節者，謂之「香蕉形」。

擁有此形之金星指，個性強硬固執，且有虐待狂傾向，是一個不易相處的人，而其另一半就最能感受得到。

如香蕉形金星指再配上一隻原始型掌的話，則情況更甚。

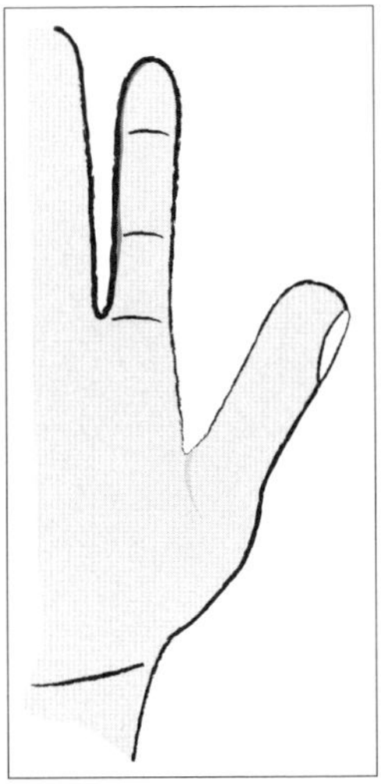

金星指與木星指之距離

除不同形狀金星指有不同的代表之外，手掌伸張時，金星指與木星指分開之距離不同，亦有不一樣的意義。

標準距離

金星指與木星指（食指）距離在自然攤開手掌後，大概成四十五度角，屬於正常距離，代表其人活動範圍正常，不會過分活躍，亦不會失去自信。

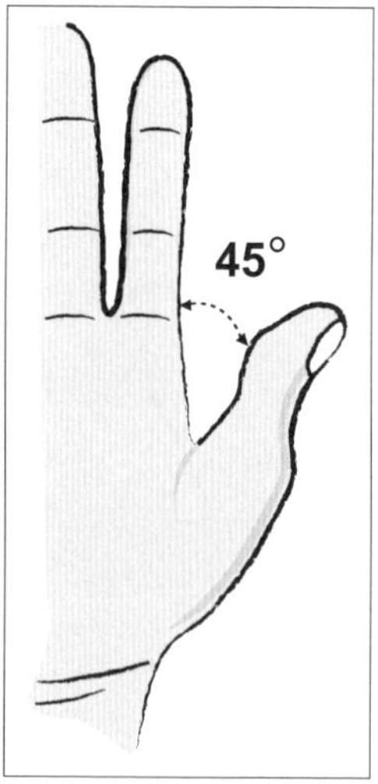

距離稍闊

金星指與木星指距離在七十度角以上為闊，代表其人活動範圍大，活動力強，容易適應生活上的任何變化，即使移民他處，亦能很快地融入當地之生活。

距離過闊

金星指與木星指之距離成九十度角，謂之距離過闊，代表其人較難適應穩定的生活。一旦工作上沒有挑戰性之時，便會另尋新路發展，是一個極難安定的人。

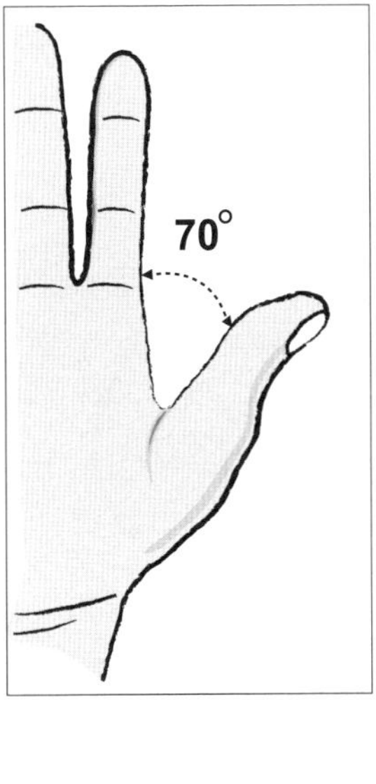

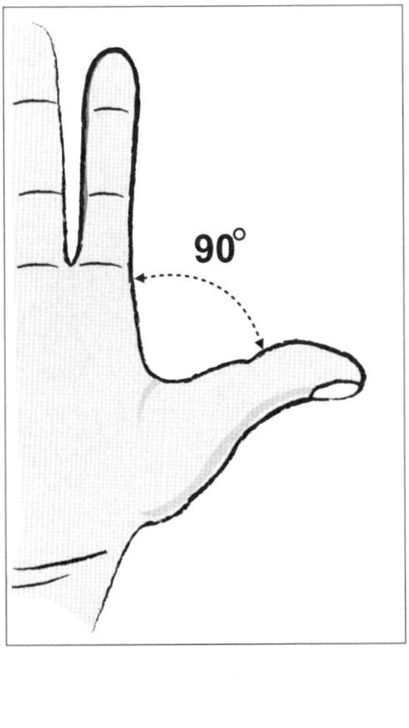

金星指與木星指距離較窄

金星指與木星指距離窄時，代表其人活動範圍亦較窄，人較為保守，難以適應充滿變化之生活，且當前有自信心不足之弊。這類人適宜從事變化較少的工作。

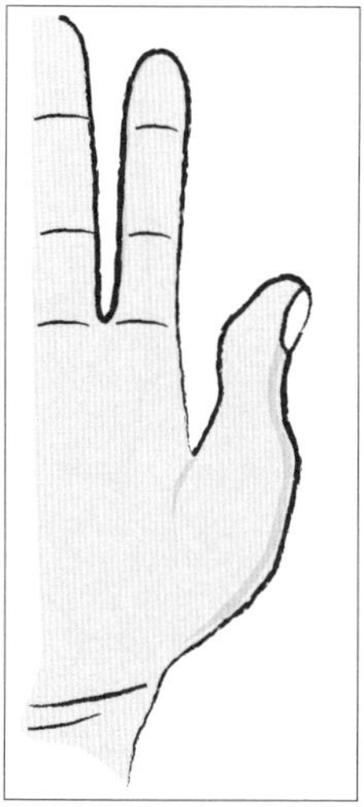

金星指合併之時，疊在木星指上

手掌在自然狀態中伸開時，如金星指併靠且疊在木星指上，代表其人當前缺乏自信心，甚至有自卑之傾向。但在回復信心後，這種狀態就會改變。

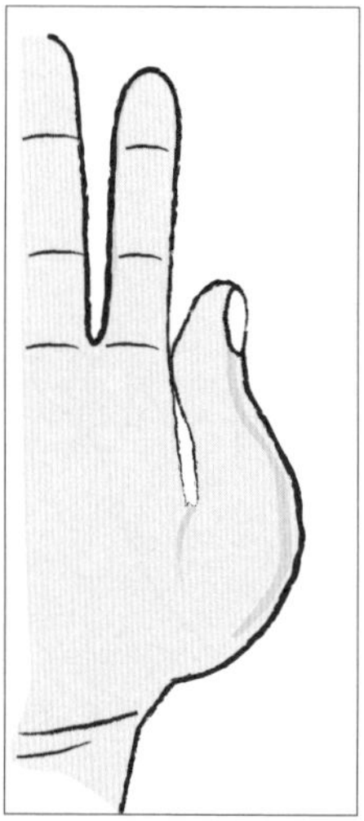

（二）木星指（食指）

木星指即食指，木星指為領導的手指，木星指長而粗者，有領導才能；木星指短者，則較難處於領導地位。

不過，木星指之長短與其人能否成功是沒有直接關係的。木星指長的人喜歡支配別人；木星指短的人不喜歡支配別人，而不喜歡支配別人的人，只可以説他不是一個領導者。如果從事個人工作，沒有下屬的話，根本不需要一隻長的木星指。

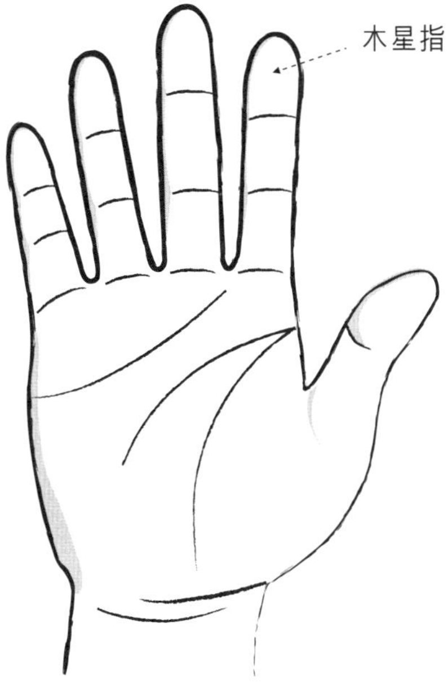

木星指長

木星指的長度以到達土星指第一節之中線為合格線，到達合格線已代表其人喜歡支配別人。

如木星指長度長於合格線，甚至與中指平衡，代表其人十分喜歡支配別人。然而，別人不一定受他支配。

所以，木星指長只是反映他喜歡支配別人而已，並不代表其人一定有領導才能。

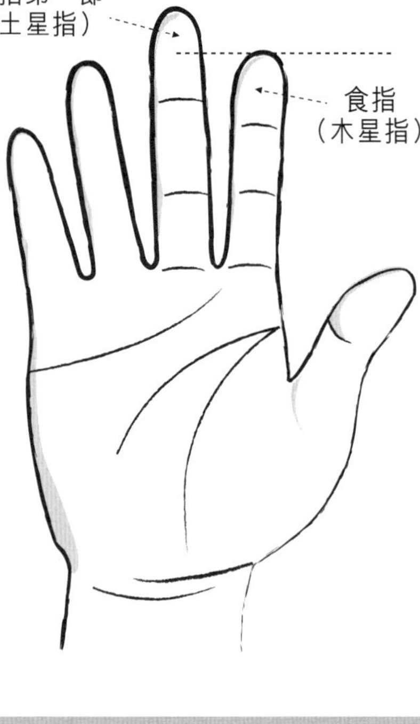

木星指短

木星指長度不及土星指（中指）第一節之中線，甚至只是與土星指之第一節及第二節間之指節平行，謂之長度不及標準。這代表其人不喜歡支配別人，即使居於領導地位，亦不會是濫權的領導者；有時，這類人甚至會不喜歡運用其權力。但如果配合金星指短，水星指亦不合格的話，則代表其人沒有領導才能，不夠膽承擔責任，並不是一個幹大事的人。

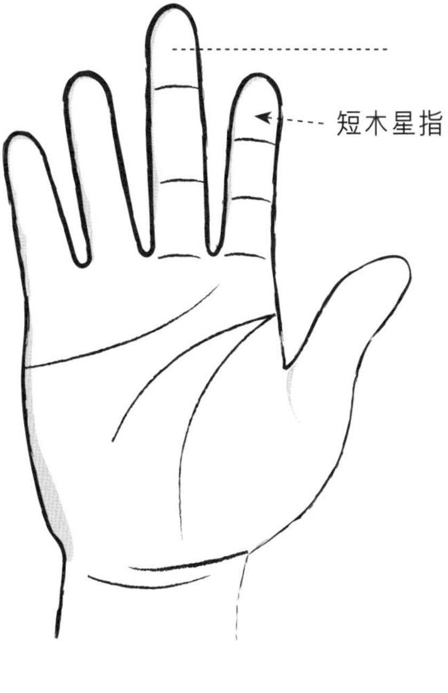

木星指彎曲偏向中指

木星指彎曲且偏向中指的人，性格貪吝、剛愎自用、固執，不是一個容易相處的人。

木星指直但靠向中指

木星指直但靠向中指，為極度迷信之象，其人非常相信命運，覺得凡事冥冥中自有主宰。原來，很多成功的領導人皆有這種情況。

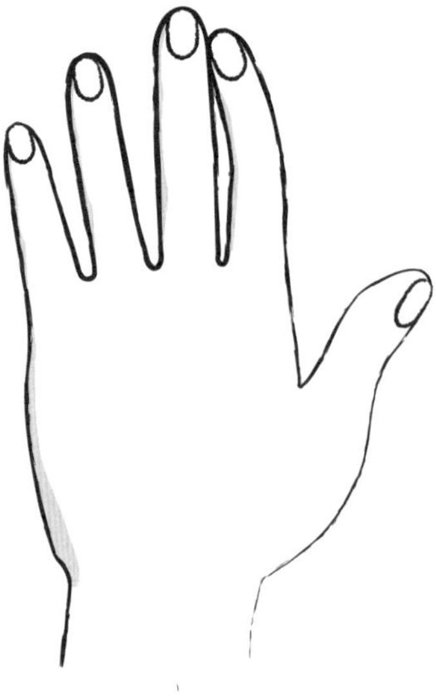

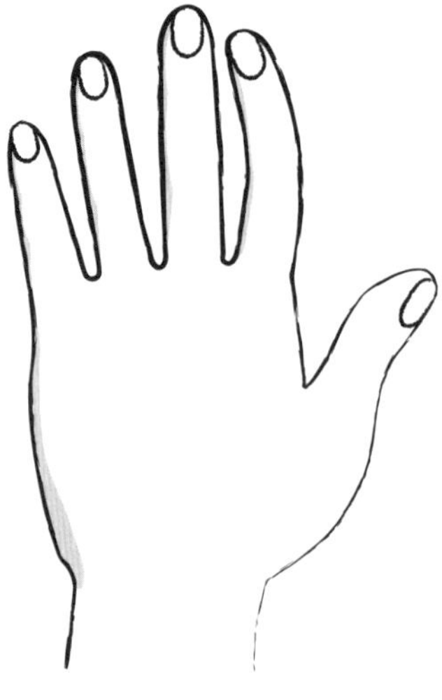

木星指與土星指分開

如手掌合攏之時，木星指與土星指（中指）明顯分開的話，代表其人行動愛好自由，不能受到束縛。

木星指指頭扁平

木星指亦是代表宗教的手指，故此木星指指頭扁平者，往往傾向於相信命運及宗教，是一個較虔誠的教徒。

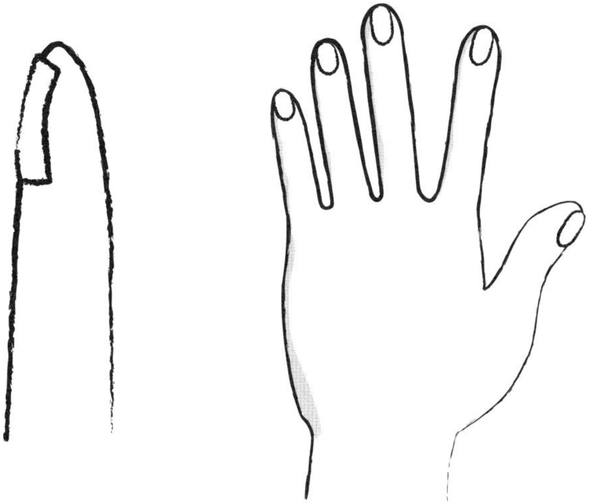

木星指指頭呈方形

木星指指頭呈方形，代表其人相信有真理存在。

木星指指頭呈圓形

木星指指頭呈圓形者，愛好神秘學，對算命、掌相、面相等都有研究興趣。

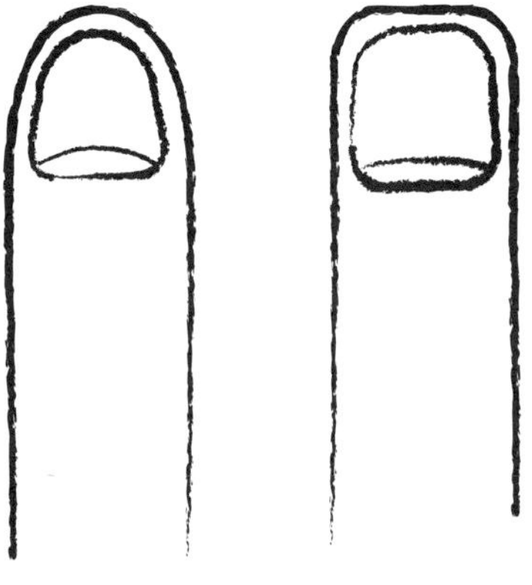

（三）土星指（中指）

土星指亦即中指，代表神秘、憂鬱、情緒化。

土星指愈長，孤獨憂鬱的性格便愈強。由於土星指是情緒控制的表徵，所以土星指如筆直，即意味其人具有控制情緒的能力。如土星指彎曲，也就是偏左或偏右，皆主其人性情不定，不懂得控制情緒，情緒起伏會較一般人大。

一般來說，女性的土星指都會有一點歪，故女性通常會較男性情緒化。

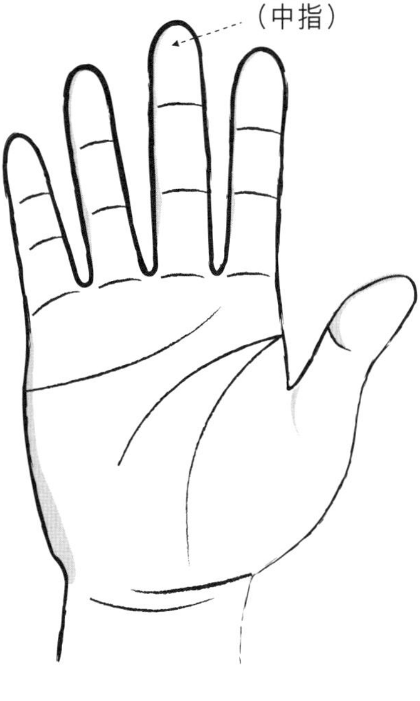

土星指長

與各指比較之下，如土星指長而突出的話，便為過長之土星指。

土星指較長的人，性格孤僻，不喜群居，只愛獨處，且排外性亦較強，有隱居的傾向。

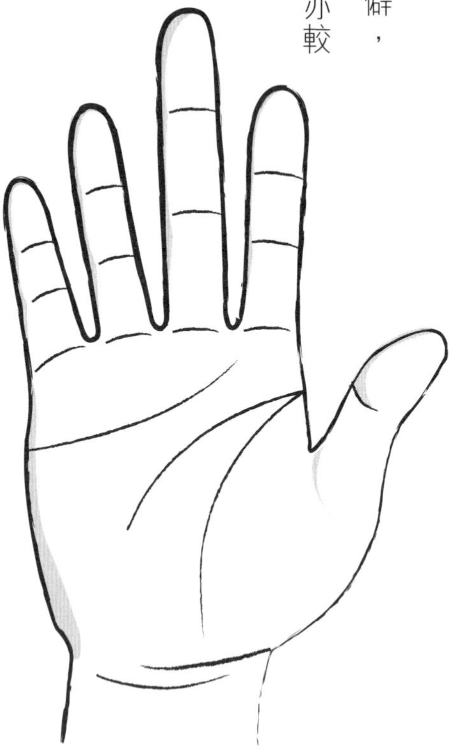

土星指短

與各指比較下，如土星指、木星指（食指）及太陽指（無名指）的長度差不多相等的話，謂之土星指短。

土星指短的人，個性輕率、衝動，不喜歡追求新知識，無主見，難成大事。

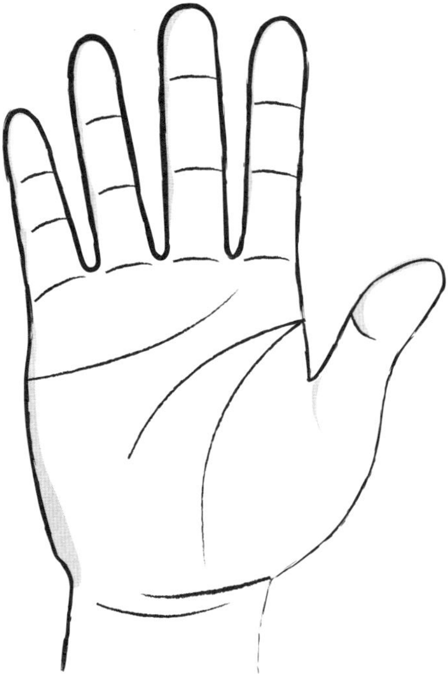

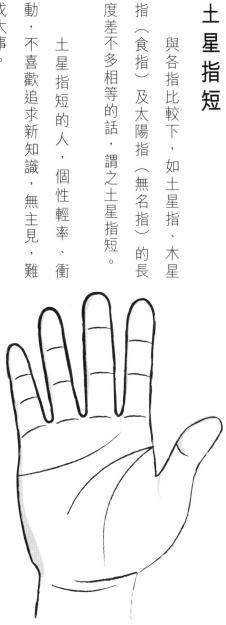

土星指彎向木星指

土星指彎向木星指（食指）的意義，與木星指靠向土星指基本相同，代表其人傾向迷信，愛研究神秘學。

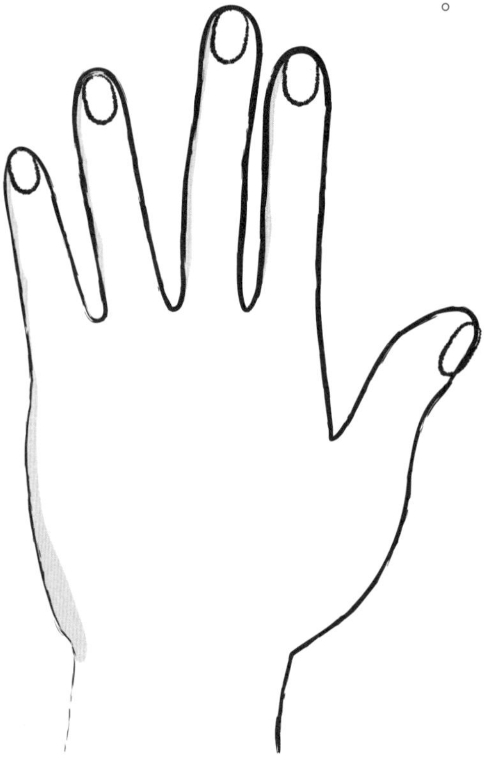

土星指挺直

土星指筆直的人，善於控制個人情緒，即使脾氣爆發，也能很快便受到控制。

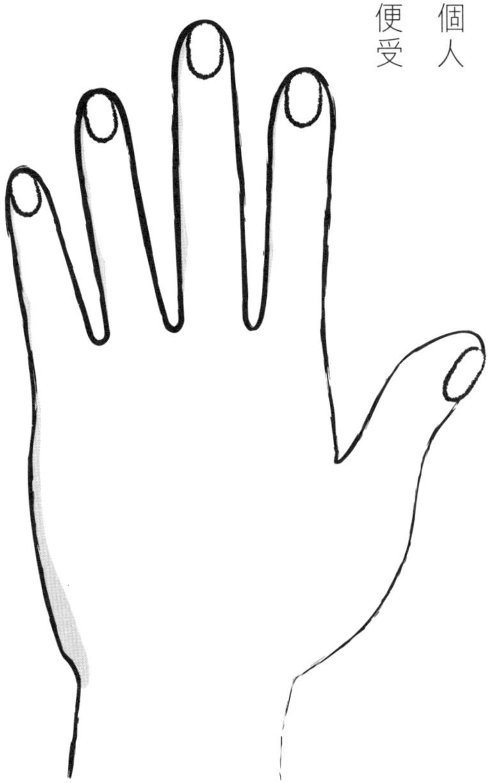

土星指彎曲或偏左偏右

土星指不論彎曲或傾左或右，皆代表其人情緒不定，不善控制情緒。他們總是前不久才覺得開心，但轉瞬又會獨自哭泣，使身邊人難以適應。

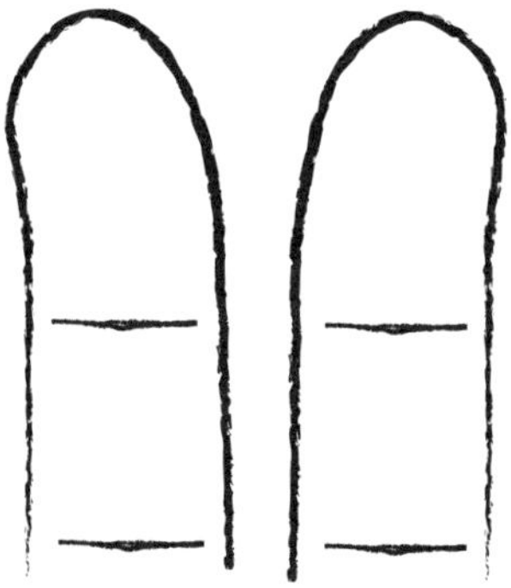

（四）太陽指（無名指）

太陽指即無名指。太陽指的長度，如略長於土星指（中指）第一節中線為合格，但長度如與中指差不多謂之長，僅及中指第一節中線或以下則謂之短。

太陽指乃象徵藝術、名譽、虛榮之手指，故太陽指特別長的人，均具有藝術才華，但同時亦熱衷名譽，虛榮心甚重。但如能配合長而大的金星指，便能將其計劃付諸實行，不難在藝術上取得一定之成就。如再加上水星指（尾指）長，則更能因其藝術才華而得到財富，不過亦容易因此而變

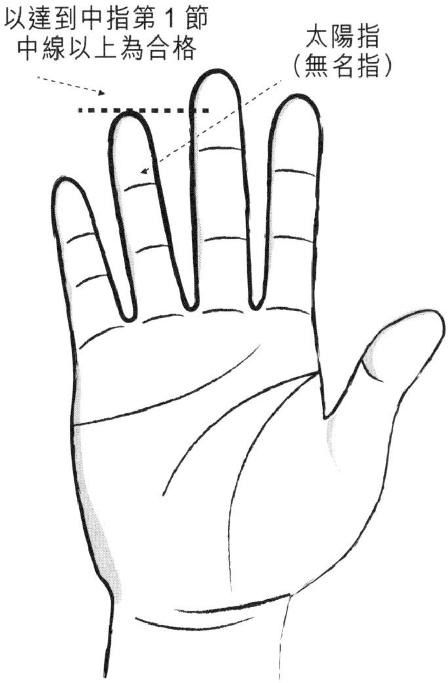

成一個藝術的販賣者或藝術商人。

太陽指短的人缺乏藝術才華，沒有審美眼光，不懂得欣賞漂亮的東西；即使能得到其他方面配合而致富，也不能提升其生活品味。

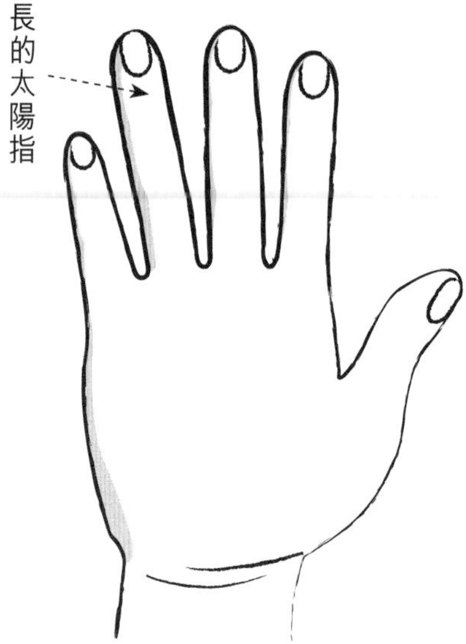

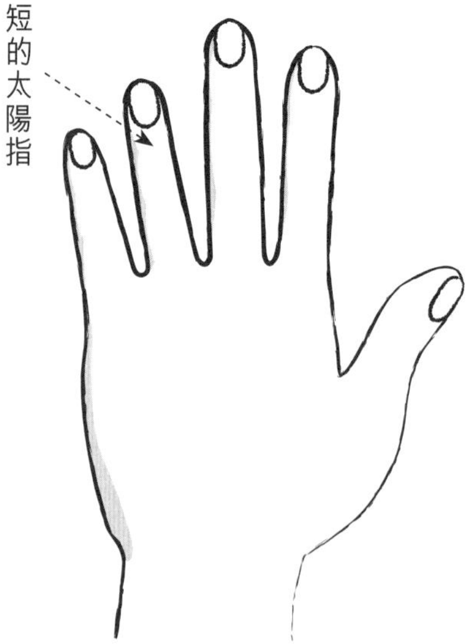

太陽指靠向土星指

太陽指向土星指（中指）靠攏的人，常常會因為自己立場與別人不同而堅持己見，以致容易因不願妥協而與人發生衝突。

太陽指靠向水星指

水星指（尾指）代表商業頭腦，如太陽指靠向水星指，代表其人會利用藝術或販賣藝術而獲得財富。

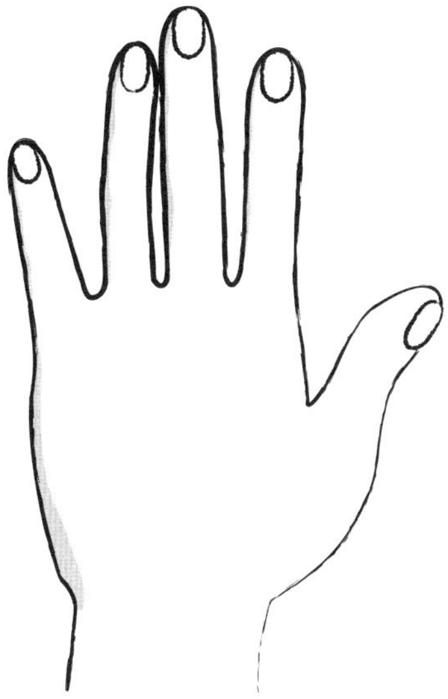

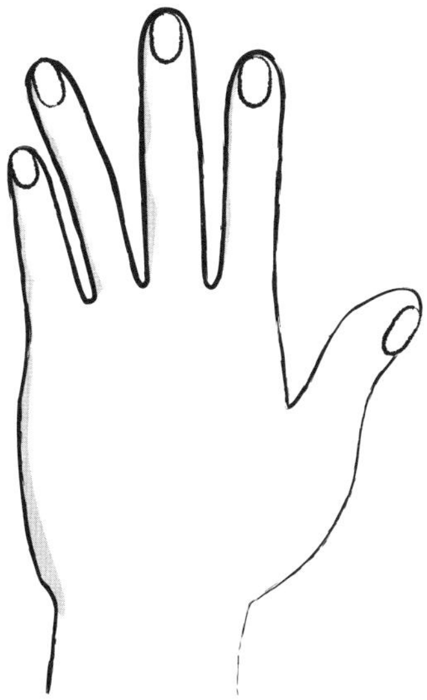

太陽指特長且頭腦線下垂

太陽指長代表好冒險，頭腦線下垂代表愛幻想，愛幻想加上富冒險精神的話，不難成為一個出色的藝術家。

不過，這類人亦可能是一個愛好賭博的賭徒。而東方人有此特徵者，大多是愛好賭博而非愛好藝術之人。

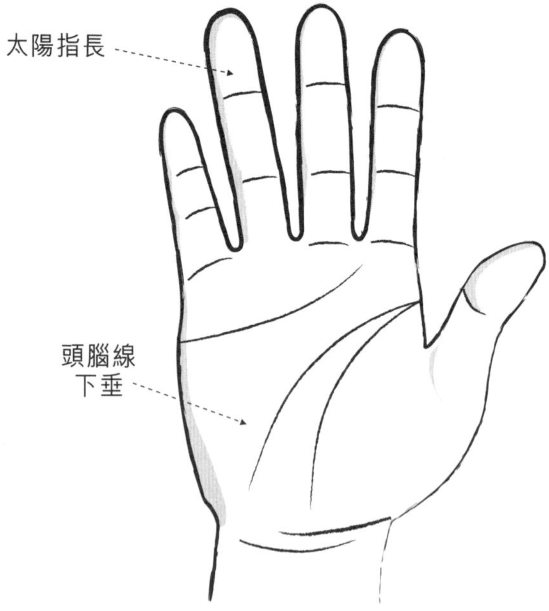

（五）水星指（尾指）

水星指即尾指，為象徵科學、商業、言語的手指。

水星指長度宜達到太陽指（無名指）之第一節及第二節之中間，長於此線為長，短於此線為短。

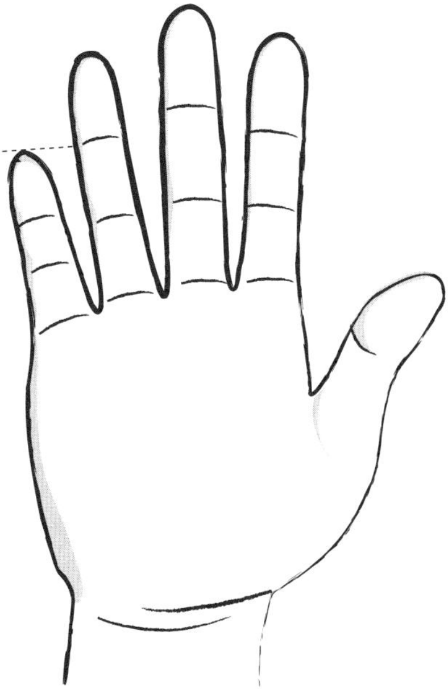

水星指長

水星指長的人，一生容易得到成功及財富，其主要性僅次於金星指（拇指）。

水星指長的人，處理人事手腕較為圓滑，會採取先懷疑而後信任的態度。以結交新朋友為例，這類人會先考慮面前的人到底能不能相信、可不可以當朋友。如可以信任的話，他們會很樂於跟你交朋友；在做生意時亦有同樣的作風。

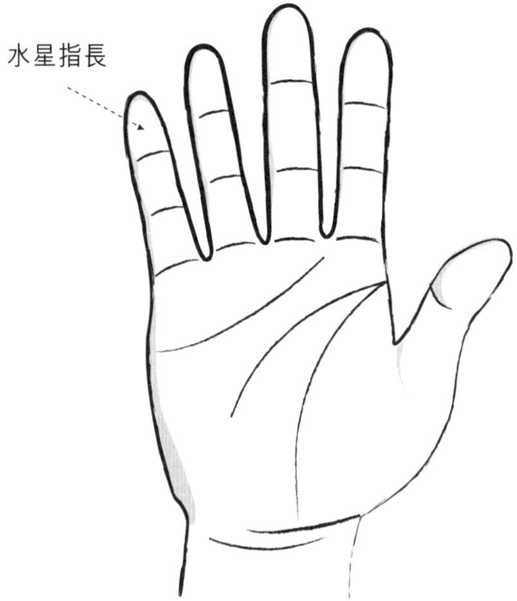

水星指短

水星指短的人，性格剛好相反，是先信後懷疑。他們在初認識新朋友時，總是很熱心，馬上就會相約人家吃飯、飲酒，甚至在相談甚歡之時，便決定一起做生意。但當真的要拿出資金時，才會想到自己跟這個人好像不是很熟，亦不知道人家的背景，結果往往因後悔而出爾反爾，令自己的信譽受損。一般而言，男性的尾指較長而女性尾指較短，故女性較男性容易結識新朋友。

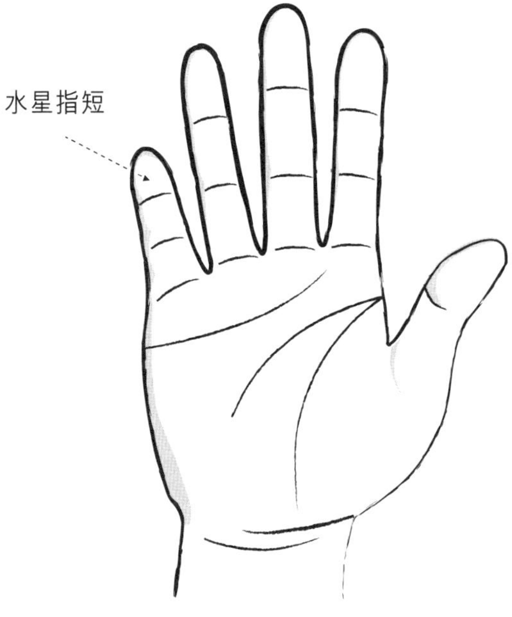

水星指靠向太陽指（無名指）

水星指靠向太陽指者，是一個個性害羞的人。這類人在心理上渴望得到別人的關懷愛護，而此指型以女性為多。

事實上，即使是平時運籌帷幄的女強人，只要有另一半在身邊的時候，都較喜歡撒嬌。

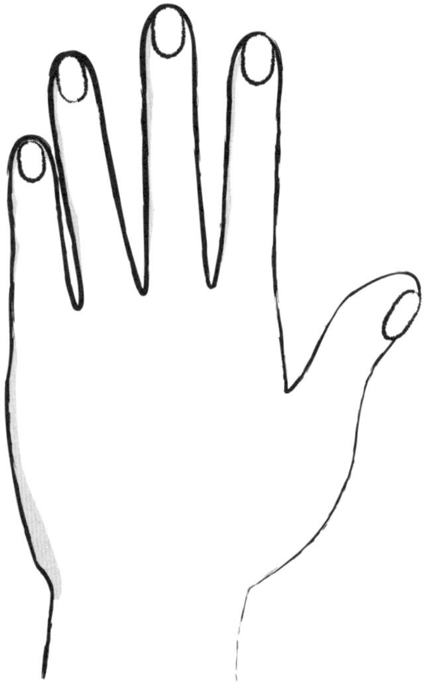

水星指與太陽指（無名指）明顯分開

水星指與太陽指明顯分開的人，思想愛好自由，不能夠受束縛。

如木星指（食指）與土星指（中指）亦分開的話，則其行為更不能受到束縛，是一個極端愛好自由的人，喜歡無拘無束。

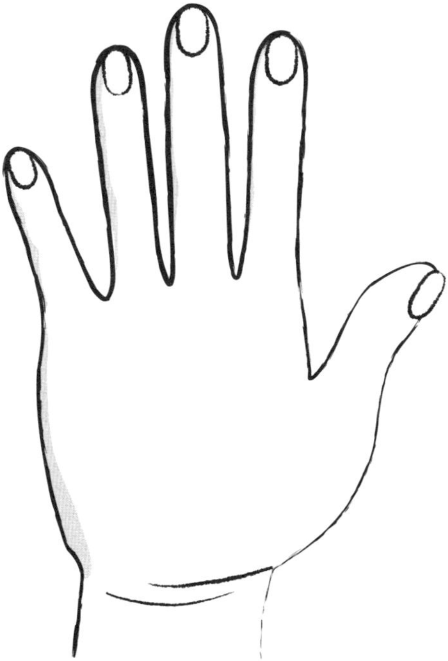

水星指屈曲

水星指第二節與第三節間之指節屈曲的話，亦代表女性子宮屈曲。

由於這類女性難於受孕，所以如發現有此指型的話，最好在結婚懷孕前，先做身體檢查。

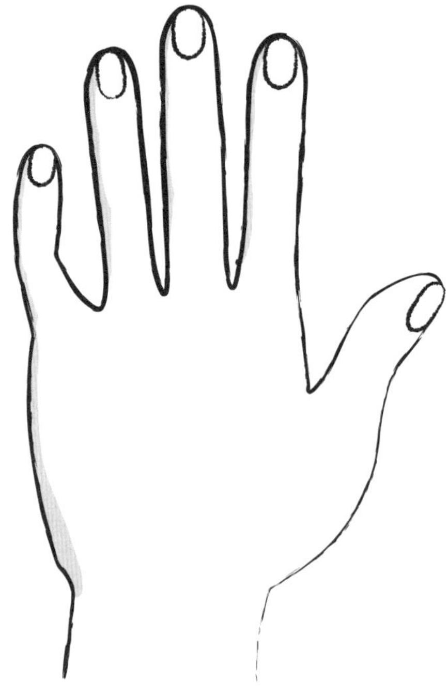

水星指第一節屈曲傾向太陽指（無名指）

這類人喜歡照顧別人，且有服務大眾之精神。

這指型在女性手上出現的話，代表其人是一個不錯的女朋友。此外，由於她們善於照顧別人，故能成為出色的醫護人員。

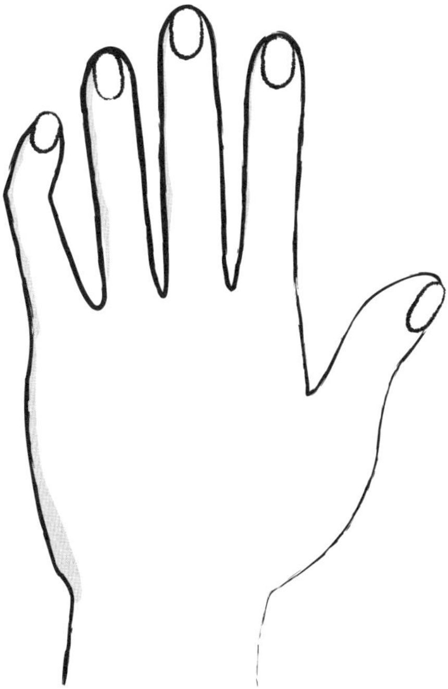

水星指肥大

水星指肥大的人，物慾較強，有時甚至會為了得到私利而使出奸詐的手段。

女性水星指肥大，亦主卵巢發達，即使四十歲後亦容易受孕。

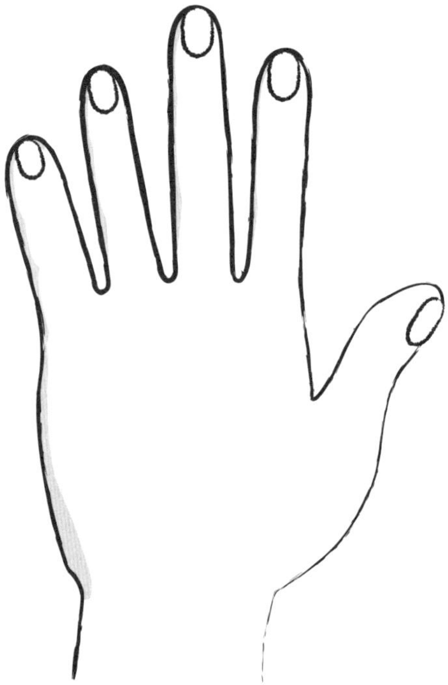

（六）特別指形

三節金星指（拇指）

金星指指骨雖然只有二節，但有時因為指紋的緣故，看上去會好像有三節一樣，謂之「三節金星指」。

事實上，如見三節之金星指，便可當作長金星指去判斷。即使原來金星指之長度未及木星指（食指）第三節之中線，但在判斷時已可加分，可判定其為一個較有決心的人。

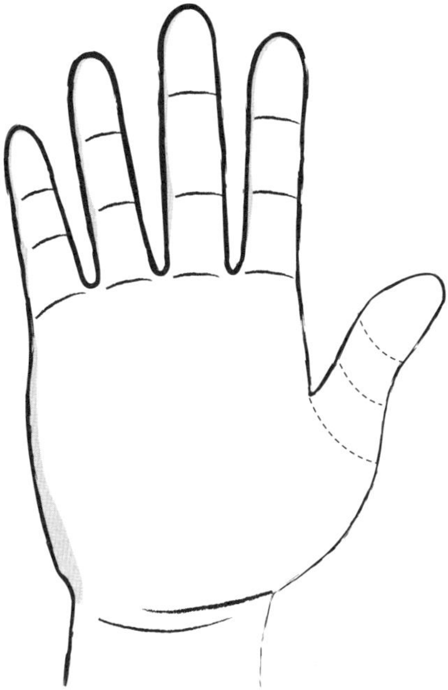

四節木星指（食指）

有時因指紋之關係，木星指看上去會呈四節之象，這情況能為木星指加分。

在這種情況下，即使木星指原來之長度未達到土星指（中指）第一節之中線，亦可作合格論，從而加強其人的領導才能。

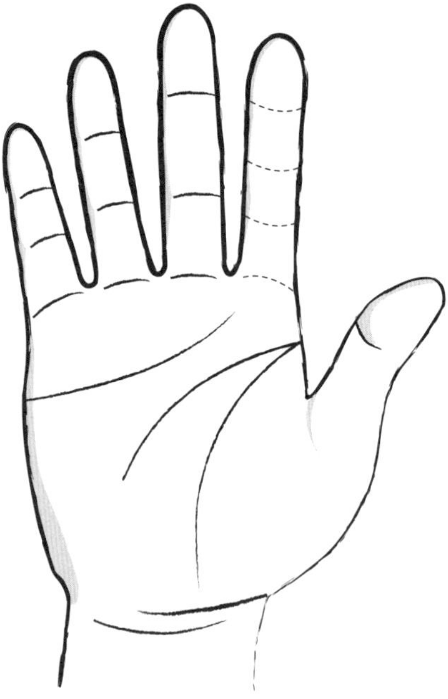

四節土星指（中指）

有時土星指之指紋看上去會呈四節之狀，這樣會加強土星指的作用。

由於土星指關乎神秘、田園、知識追求，故擁有四節土星指者，往往喜愛獨處，偏好過着隱居的田園生活，亦是一個知識追求者。

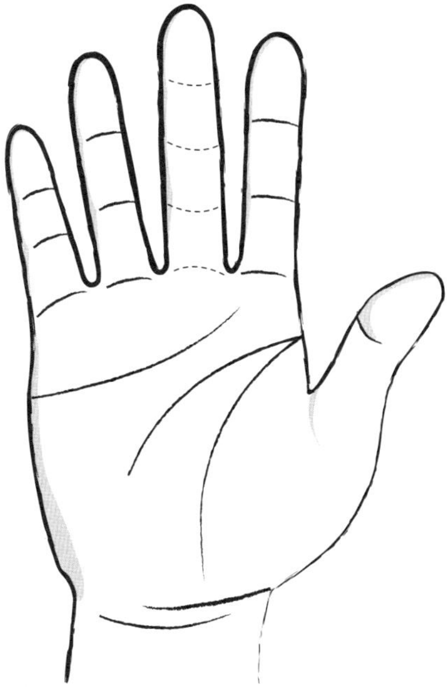

四節太陽指（無名指）

基於指紋之關係，有時太陽指看上去會呈四節之象，這情況可以一隻長的太陽指作判斷。

擁有四節太陽指者，富有藝術才華，儀容亦較整潔，給人易於親近的感覺。

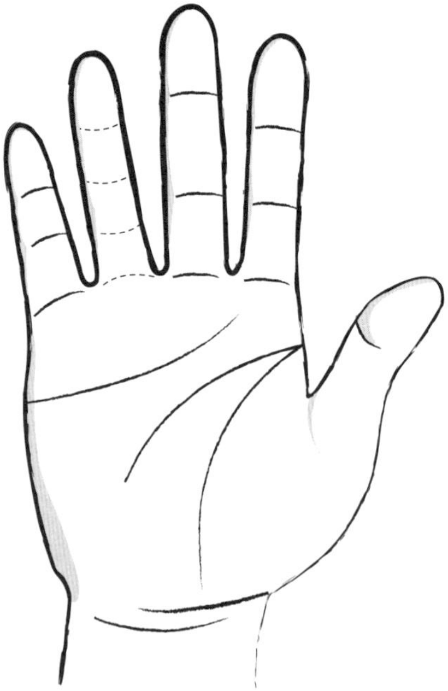

四節水星指（尾指）

有時水星指因指紋之關係，看上去呈四節之狀，這情況可加強水星指的作用，當作一隻長的水星指去判斷，從而加強其人的交際手腕、商業頭腦和科學知識。

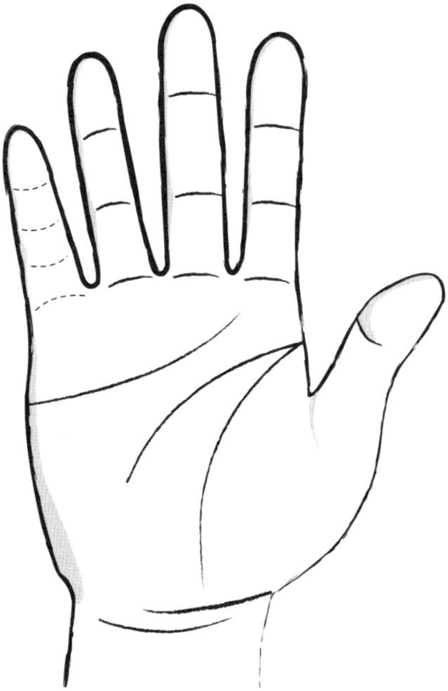

破相

這裏說的破相，不是指面相，而是指掌相。

有時候，掌相會因先天的缺陷或後天的創傷，而出現變形或手指有缺的情況。這樣的話，就可以參考沒有受傷的手，從而作出推斷，不須因為掌指有缺陷而令掌相的判斷受影響。

手掌伸出時之下意識動作

手掌握拳之後，再自然攤開，便可得出其下意識動作，而這下意識動作，正好反映當時其人的思想狀態。

手掌攤開時各指合攏

這代表當前自信心不足，不能獨立處理重大事情；即使處於領導位置，亦不容易駕馭下屬，並非一個合適的領導者。得此掌型者，往往不能獨立生活，即使要獨自到外地流浪或求學，最終都會因為害怕不適應而取消行動。

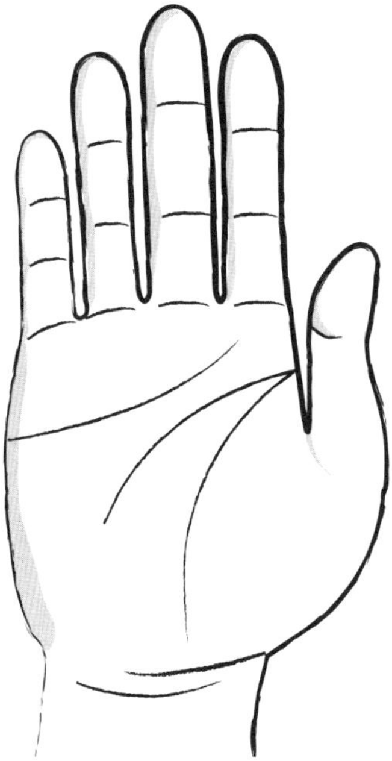

手指合攏且金星指（拇指）疊在木星指之上

自信心極之不足，代表其人暫時尚未能建立信心。

這種掌型大多出現在初踏社會的年青人手上，直至工作了一段時間，慢慢建立信心之後，這下意識動作自然會有所改變。

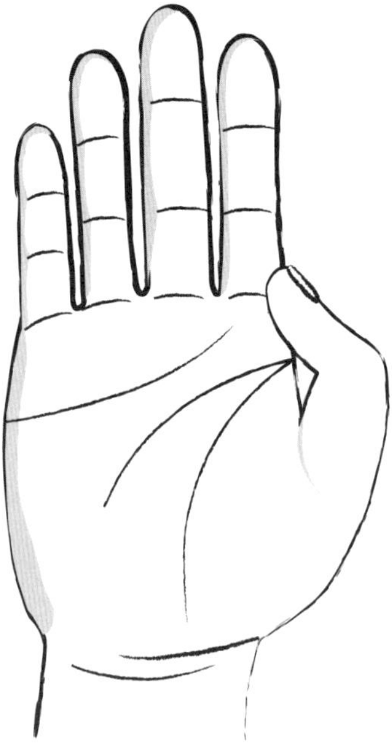

各指合攏，只有金星指（拇指）分開

這是正常之掌型。大多數人在合攏手掌後再攤開來時，都會呈現這個狀態。

此掌型表示自信心正常，不是過強，也不缺乏，即使要應付突然轉變的環境，也不會手足無措。

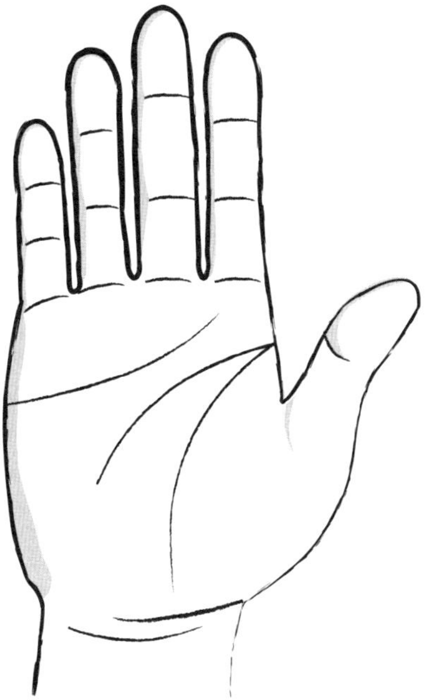

木星指（食指）與土星指（中指）分開

手掌合攏後再打開之時，如見木星指（食指）與土星指（中指）分開，就代表其人行動愛好自由，不喜歡受束縛，且能獨自生活，獨自到外地流浪。

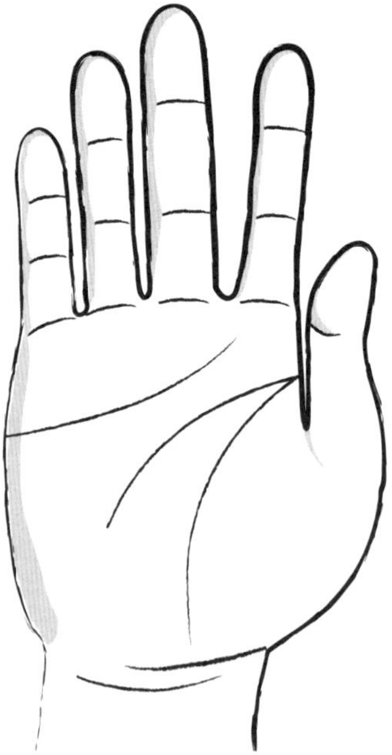

水星指（尾指）與太陽指（無名指）分開

自然合攏手掌後再攤開時，如見水星指（尾指）與太陽指（無名指）分開，代表其人思想愛好自由，不能夠受束縛；但因木星指（食指）與土星指（中指）沒有分開，所以意味行動未能配合。

故此，這類人只是思想愛好自由，嚮往一個人獨自生活、獨自流浪，但到真正要付諸實行之時，又會膽怯退縮。

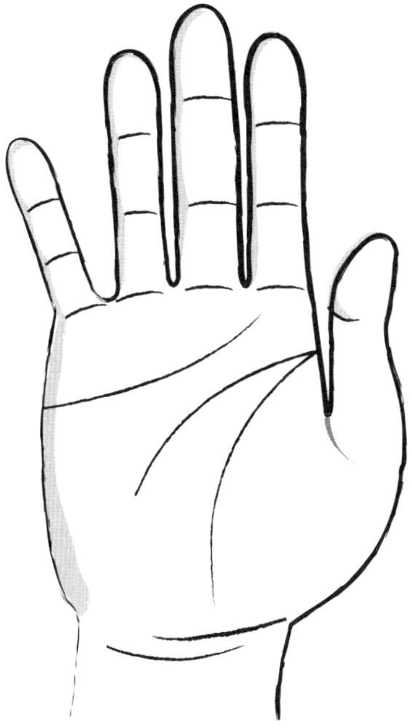

木星指（食指）與水星指（尾指）皆分開

手掌合攏後再攤開之時，木星指（食指）與水星指（尾指）皆分開的話，代表其人思想、行動皆愛好自由，是一個完全不能受到束縛的人。

由於這類人只要稍遇束縛便會反抗，故一生變動較大，較難從事穩定工作及維持一段長久穩定的感情。

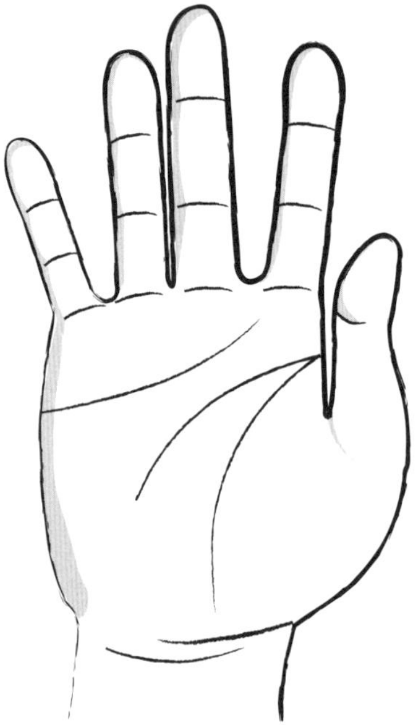

五指皆分開

手掌自然攤開時，五指皆分開的話，其人極端愛好自由，甚至到了有點過分的程度。一般而言，女性有此情況比男性機會大，故女性在行動時，往往會作出極端過分的任性行為；又因其極度需要自由，所以即使結婚以後，亦不會受丈夫束縛。這類女性倘若遇上一個有自信、有主見的伴侶，不難想像結果會變成怎樣。因此，這類女性宜配一個年紀比自己小的丈夫或以老婆之意見為依歸的伴侶，這樣才能使婚姻和諧，從而長久地維持良好夫妻關係。

男性有此掌型的話，性格會較為衝動，並會堅持己見，不易體恤別人。但在愛情方面，由於其自信心較強，故易得女性垂青。

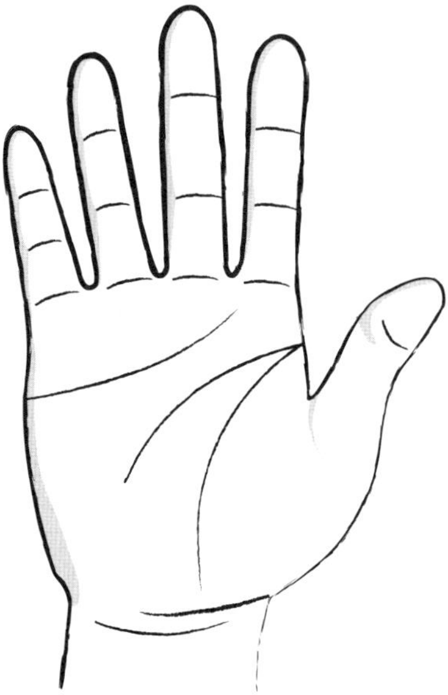

鷹爪狀手掌

這種手掌在攤開之時，不能直伸而向內勾入，形成鷹爪之狀。

擁有此掌型者，為人性格貪吝、自私，以滿足私慾為前提，為達目的，不擇手段，甚至做出行騙等犯罪行為。

在亂世之時，這種行為會更為激烈。這種掌型如出現於領導者之手上，他們難免會為了政治鬥爭而不惜犧牲人民，從而達致滿足私慾的目的。

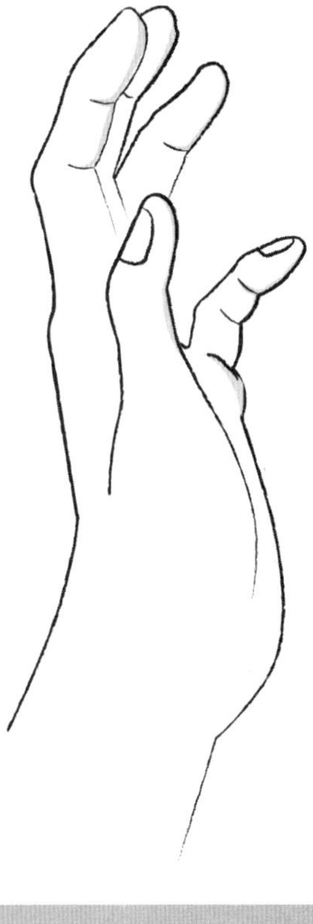

各指皆向後拗出

手掌攤開之時，各指皆向後拗出，代表為人敏感，好奇心重，故女性之手指大部分皆能向後拗出。

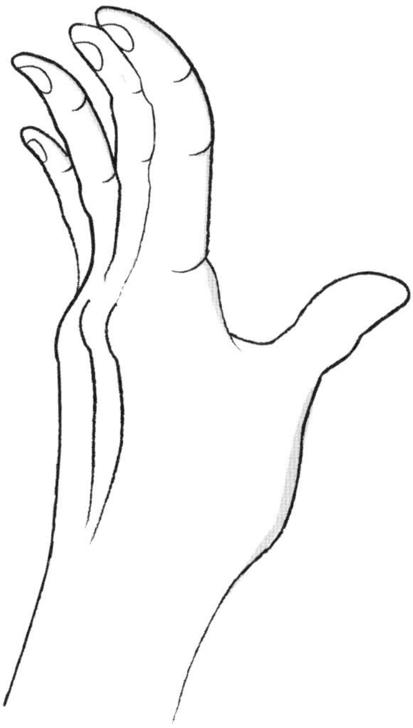

掌丘篇

七大類掌丘

掌丘主要分為七大類，分別是金星丘、木星丘、土星丘、太陽丘、水星丘、火星丘（分為上火星丘及下火星丘）及太陰丘，各丘分別主管不同的事項。

學習時，宜先牢記各掌丘的定義，到學習掌紋之時，便可以將掌丘的定義加上去，這樣學起掌紋來，便會事半功倍。如不明瞭每個掌丘的定義，而企圖把每一條掌紋走向的意思記牢，真的談何容易？但如果能掌握各丘之定義，在學習掌紋之時便可靈活運用，而不需將每一條掌紋都死記於腦袋之中。

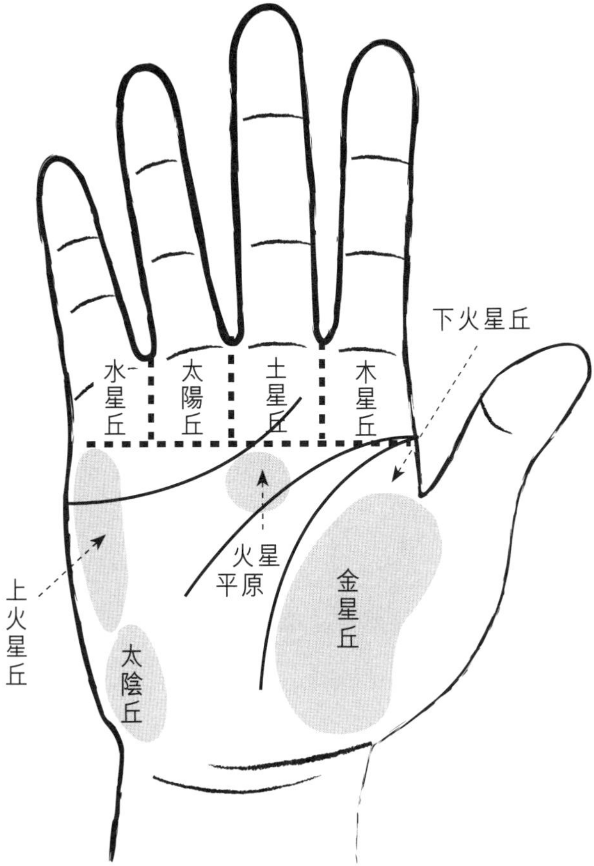

七大類掌丘圖

各丘定義

金星丘（Venus）古希臘時代的愛神，亦即「維納斯」，代表愛心、同情心、美感、愛。

木星丘（Jupiter）為古羅馬時代的主神，為眾神之首，代表權力、領導才能。

土星丘（Saturn）古羅馬時代的農神，代表田園、莊稼、求知慾、神秘學。

太陽丘（Apollo）古希臘之太陽神，代表藝術、創作、名聲、名譽。

水星丘（Mercury）古羅馬時代的使神，代表商業、口才、交際手腕、詭計、科學。

太陰丘（Luna）代表幻想、陰晴不定、善變、不穩定。

火星丘（Mars）古羅馬時代的戰神，代表爭鬥、抵抗。上火星丘主抵抗能力，下火星丘代表進攻、爭鬥。

每個人都擁有各丘的特點，只是有時某些丘特別發達，影響較大；某些丘較弱，影響較小而已。

（一）金星丘

金星丘位在金星指（拇指）對下之基部。如此部位飽滿，生命線開闊，形成一個較大的金星丘，即具有金星丘的性格。

金星丘為愛心、情慾之丘。具有金星丘性格的人，很難容忍孤單的生活；沒有伴侶在身邊之時，會倍覺孤寂。故此，金星丘之人會早交異性朋友及較早結婚，但亦因其早婚，故容易增加離異的機會。所以，金星丘為感情較不穩定之丘，但如果能配合長而大的拇指，加上中指挺直，則較能控制情緒及情感，可享長久美滿的婚姻關係。

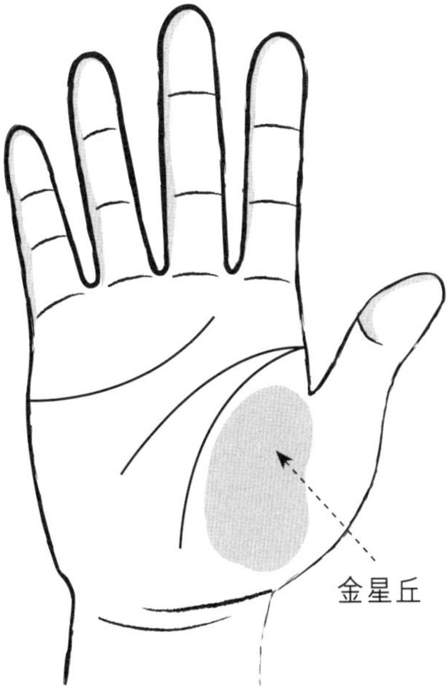

（二）木星丘

木星丘飽滿，木星指（食指）長，即具有木星丘的個性。

由於木星丘代表野心、領導才能，故木星丘發達，代表其人野心大，好支配別人，容易成為領導者。

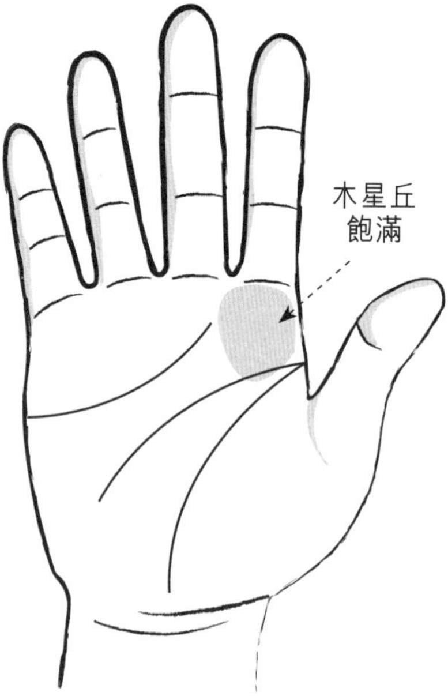

（三）土星丘

土星丘飽滿，土星指（中指）特長，即具有土星丘的個性。

土星丘是一個神秘丘，意味其人愛好神秘學，是一個極度愛好思想的人。這類人平時為人沉默寡言，予人神秘冷靜的感覺，是一個極不容易看透的人。

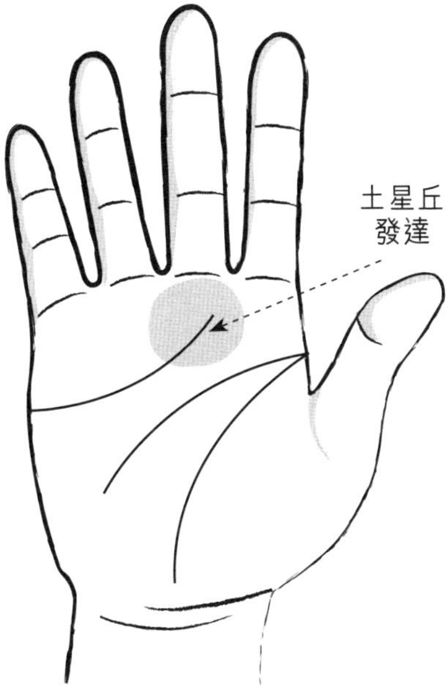

（四）太陽丘

太陽丘飽滿，加上太陽指（無名指）長及土星指（中指）第一指節中線，即具有太陽丘的個性。

太陽丘人有藝術才華，愛美，衣著華麗，容易成為出色的藝術家。如加上太陽指下有一條明顯垂直的太陽線，則能夠從藝術中獲得豐富的財富。

太陽丘人對配偶要求甚高，不能容忍粗魯的人，故太陽丘人感情失敗的次數會較其他丘的人為多。

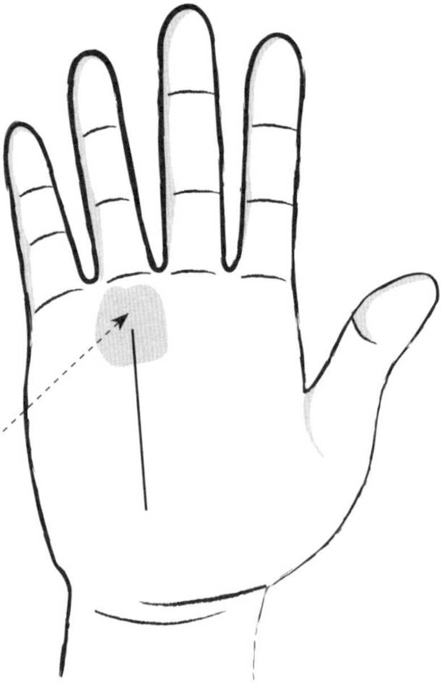

（五）水星丘

水星丘飽滿加上水星指（尾指）長度到達太陽指（無名指）第一節第一條線或以上，即具有水星丘的個性。

水星丘人具有敏捷的思維，反應佳，頭腦靈活，善於機謀計算，交際手腕圓滑，很容易成為一個成功的商人。

水星丘人大多個子較矮，而中國人常說的矮仔多計，正是水星丘人的特徵。

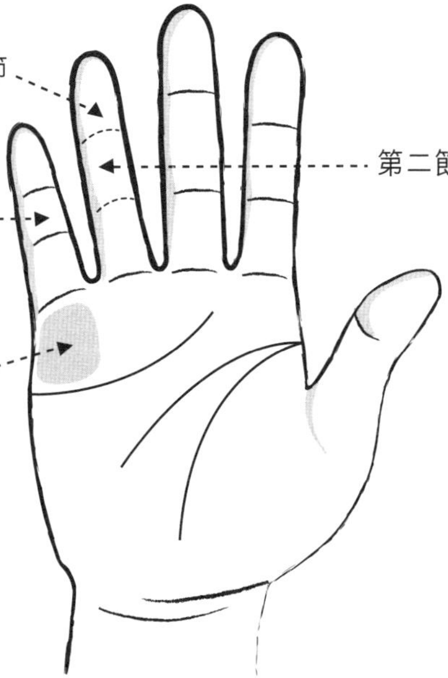

（六）太陰丘

太陰丘位在手掌基部近掌邊處。如此部位肉厚而肥大，即具有太陰丘人的性格。

太陰丘人性格陰晴不定，不是一個容易捉摸的人。另外，太陰丘人特別喜愛充滿變化的生活，故對水及旅遊有特別的偏好。又因其性格陰晴不定，所以容易出現情緒問題；而其愛變動的性格，則會造成其人較難容忍一段長久而沉悶的感情，故一生感情較不穩定。

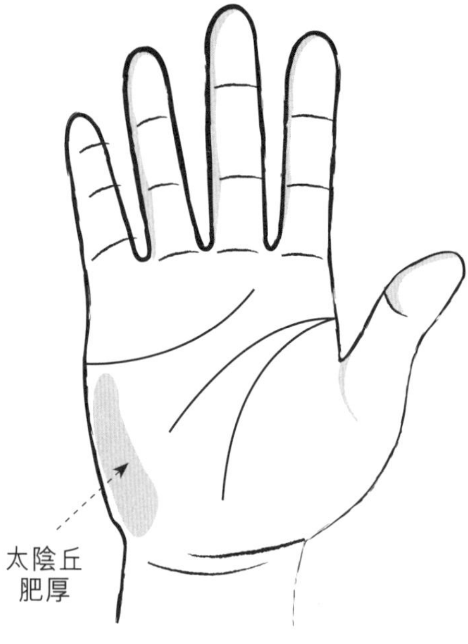

（七）上火星丘

上火星丘位於頭腦線線尾之上，故稱為「上火星丘」。如掌邊圓厚而肉飽滿，即具有上火星丘的性格。

上火星丘為抵抗失敗之丘，擁有上火星丘個性的人，能於惡劣環境之下掙扎求存，不會灰心失望，而此種性格，最能於逆境時突顯。

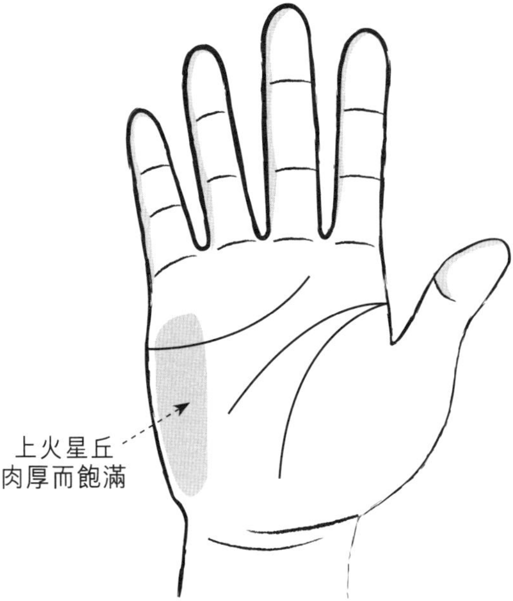

（八）下火星丘

下火星丘位於頭腦線起點以下，故稱為「下火星丘」。若此部位肉厚而凸出，即具有下火星丘的性格。

下火星丘為進攻之丘，主其人具有侵略之野心，進取心強，是天生的戰士，不論在商場或戰場上，都是一個勇猛進取的人。惟下火星丘的缺點是過於進取，攻擊力強，容易知進不知退，知成不知敗，故必須同時具備上火星丘的特性，才能攻守兼備，邁向成功。

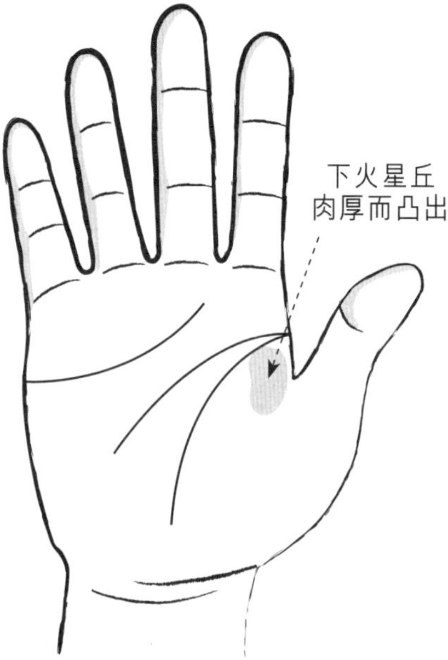

掌

掌紋入門篇

掌紋入門

主要線

掌紋主要有生命線、頭腦線、感情線，其他再加上事業線、成功線、第六靈感線及婚姻線等。

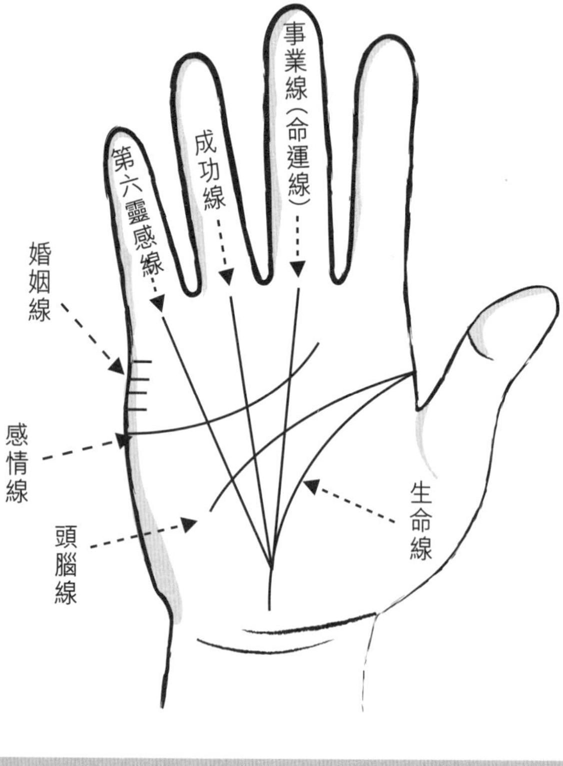

次要線

次要線有金星帶、姊妹線、旅遊線、移民線、上升線、影響線、同情緣、小人線、手頸線、放縱線等。

此外，還有其他細紋如十字、✳星紋、ϕ島紋、□方格紋、○圓環紋、△三角紋及卌網紋等。

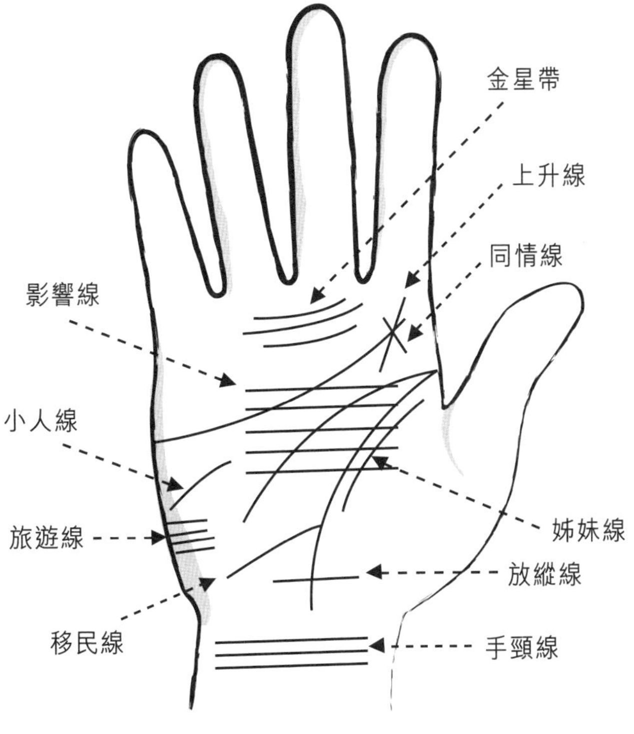

意識線（下意識線）

掌紋會分為意識界與下意識界，以土星指（中指）與太陽指（無名指）之間為分界線。金星指（拇指）至土星指（中指）之間的紋為意織界之紋，而太陽指（無名指）、水星指（尾指）以至掌邊之線紋，均屬下意識界之線紋。

意識界之紋愈多，則思想愈複雜；下意識界之紋愈多，就代表情緒容易出現不穩定的情況。

下意識界出現之線，亦叫「靈感線」，又靈感是無法從意識層面去分析的。但下意識界有

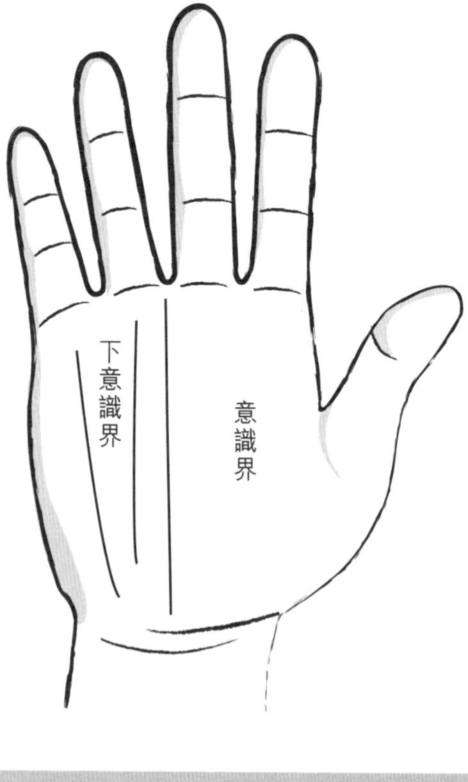

着清晰、深長且清的線紋的話，就代表其人很多時候都會憑感覺去判斷一件事情，而且相當準確，這往往是沒有下意識線的人所不能接受，亦不想相信的。

先天後天，男左女右

看掌有分先天後天與男左女右的説法，其實兩種説法都正確——看不變的東西，如婚姻、子女多寡等，以男左女右去判斷；但如觀察會改變的東西，則以先天後天的看法為準。其實，無論性情、思想、感情、身體狀況，都會隨着年紀而變，所以掌相學一般以先天後天的看法較為普遍。

先天代表三十歲前，後天代表三十歲後。先天的掌紋不容易出現大改變，但後天的掌紋則會因應個人的不同思想及身體狀況而出現變化。

由於大多數人都是右撇子，以右手為主，故有左手看三十歲前，右手看三十歲後的說法。但如果遇上左撇子的話，則這個看法便要改為左手看三十歲以後的事情了。

要判斷一個人是否以左手為主，其實非常容易。因為一般人之右手的金星指、水星指都會比左手略長，如果你發覺這個人的左手之金星指及水星指較長的話，便可判斷他是慣用左手的人，避免出現錯誤。

總掌紋

- △ 三角紋
- ✳ 星紋
- —○— 島紋
- □ 方格紋
- ○ 圓環紋
- ∞∞∞ 鎖鏈紋
- ······ 壞
- —— 好
- ⚌ 重疊
- — — 斷

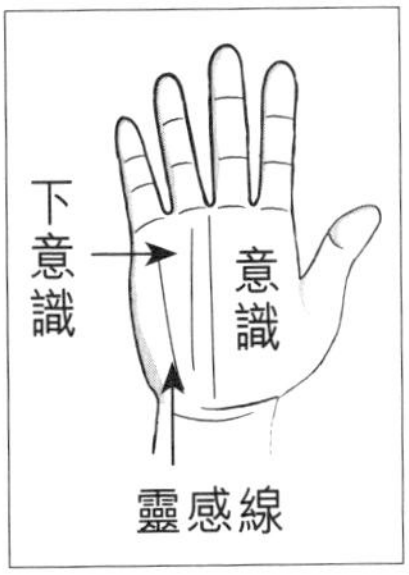

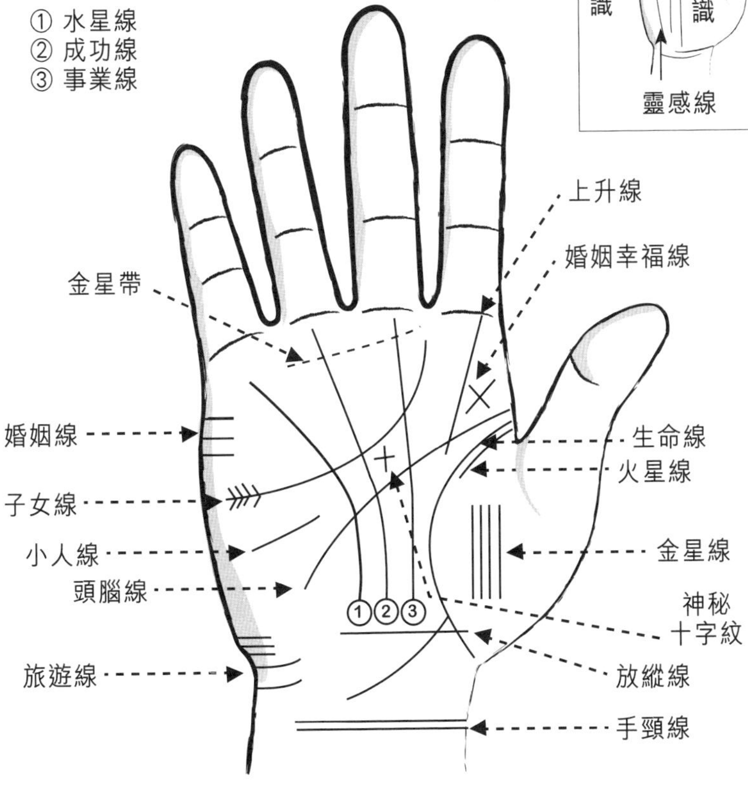

各紋所代表的年歲

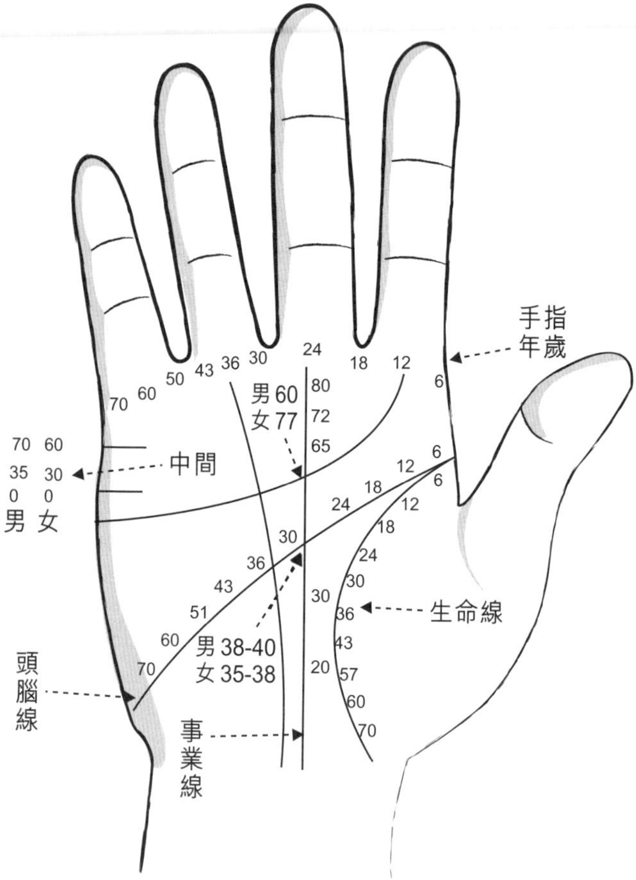

掌紋入門篇

掌紋判斷方法

掌紋以清晰、深刻、粗幼平均為佳，而淺、短、斷續、有黑點、島紋、十字紋均為差。

此外，還要觀察有否被其他線紋切斷，才能判斷此紋能否發揮其應有的作用。

掌紋深長而清

紋深長而清，代表能發揮其全部作用。

掌紋深淺不一

紋深淺不一，代表先強後弱，或先弱後強。

掌紋重疊

作用減半，不能算是一條良好的掌紋。

紋中有島紋

島紋代表障礙，島紋愈大障礙力愈大，島紋小則障礙力小。

掌紋中斷

掌紋中斷，代表突然而來的打擊。如出現在生命線，代表生命會遇到威脅；出現在頭腦線，代表頭部受傷或思想出現嚴重問題；出現在感情線，則代表失戀或心臟病。

掌紋中出現X紋

掌紋中出現X紋，代表該段期間有嚴重或重大的事情發生。如見於生命線，代表會遇到危險，危及生命；見於頭腦線，代表頭部受傷或腦部出現問題；長在感情線即心線上，則代表可能有心臟病甚至要進行心臟手術。

線紋成鎖鏈狀

線紋呈鎖鏈狀，代表整條線紋皆不能發揮作用。如出現在生命線上，代表此人身體狀況不佳，疾病不斷；出現在頭腦線上，代表思想不能集中或常有頭痛症，更甚者可能智力不能正常發展；出現在感情線上，則代表感情不能順利進行，亦有患心臟病的機會。

顏色

線紋除了要清晰之外，顏色亦非常重要。

如果線紋顏色鮮明，則更能發揮其好處；如顏色暗、黑、瘀，則線紋雖好亦要減分；如線紋已差，顏色又差，更不能發揮其應有的作用。

(二)頭腦線

頭腦線是掌中橫向之線，以深、長、清為佳，淺、短、不清為劣。頭腦線深、長而清代表思考清晰，目標明確且思想明快，否則其意義剛好相反。

A——頭腦線長度只到達A點，代表此人不愛思考，智力甚至在一般人之下。

B——頭腦線長度達到B點，智力發展正常；如加上線紋深而清，則智力會在一般人之上。

C——頭腦線長度達到C點，代表其人極端愛好思考；如加上線紋深而清，則容易有超乎常人的智力。

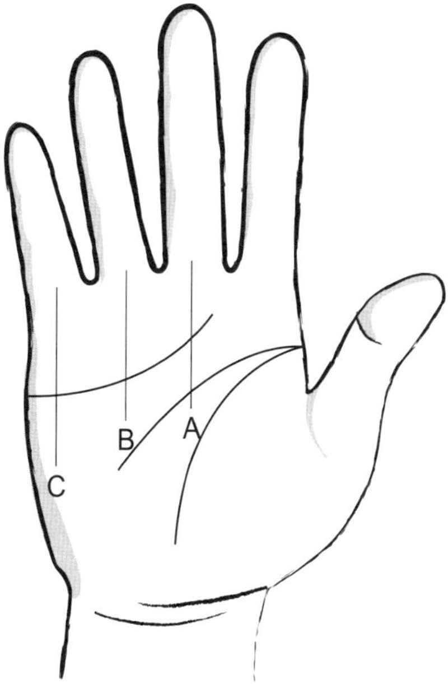

頭腦線線尾走向之標準

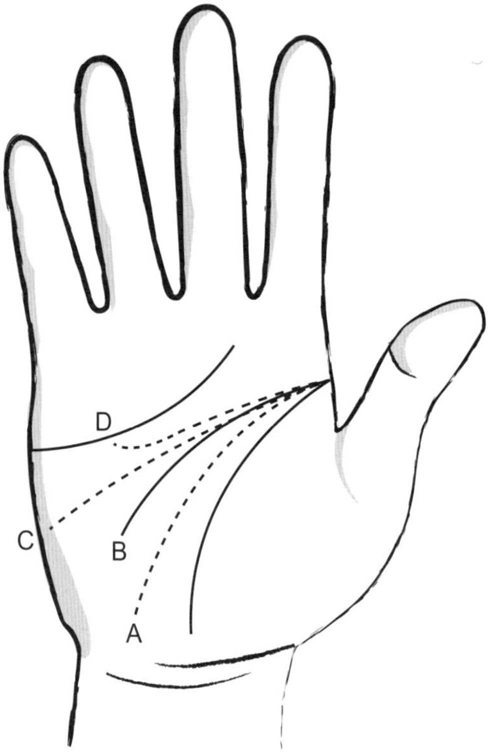

A──頭腦線下垂至A位置，代表其人愛好幻想，有創造力；如加上線紋清晰無雜紋纏繞，則其人具有不平凡的創造力，有藝術才華，但缺點是分析力及數學較差。

B──頭腦線稍作下垂至B點，代表其人能在現實與幻想中得到平衡，不會過分現實，亦不會過分沉迷幻想；如再加上線紋深而清，則其人智力良好，工作之餘不忘娛樂，不會過分沉迷工作，亦不會過分沉迷玩樂。

C──頭腦線平而橫過掌中，代表其人極為現實，做事每每計算得失。雖然此種性格容易得到事業成就及財富，但卻失去了生活情趣與愛情的樂趣。

D──頭腦線線尾向上，甚至觸及感情線的話，代表其人過分現實，為達目的甚至會不擇手段，有時更會做出犯罪行為。

正常頭腦線

正常之頭腦線，起點起自木星指（食指）基部及金星指（拇指）分開位置之中間，而尾部稍作下垂。

下圖為一條正常的頭腦線，得此線者，思想發展正常，並無不恰當的地方，且能在理想與現實中得到平衡的發展。

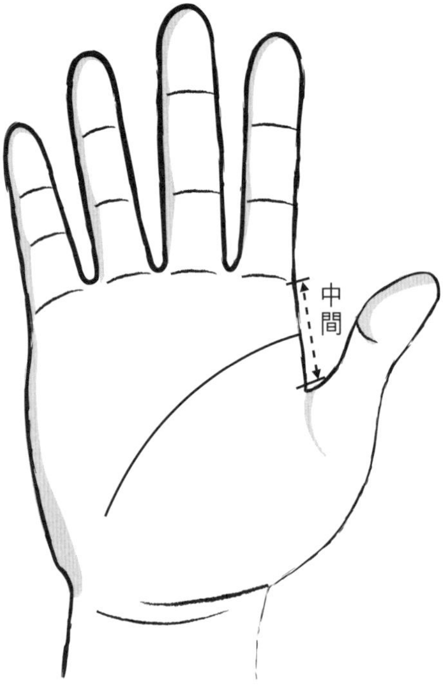

頭腦線起點較高

頭腦線起點起自木星丘，為高位的頭腦線，代表其人具野心、權力慾強、喜歡支配別人，且很有上進心，不難成為一個出色的領導者。

但如果整條頭腦線皆混雜不清，只是起點靠近木星丘的話，就代表其人只是喜歡支配別人，但卻缺乏這種能力。

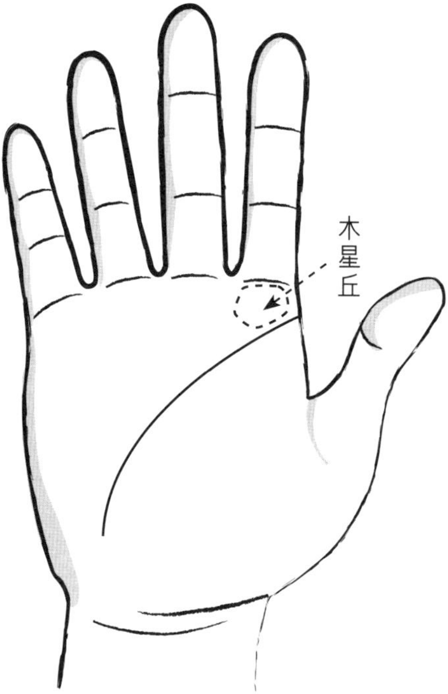

頭腦線起點較低

頭腦線起點較低，靠近下火星丘，即會有下火星丘的性格。

由於下火星丘代表爭鬥，故頭腦線起自下火星丘者，往往容易發怒、好爭吵、急躁，不是一個容易相處的人。

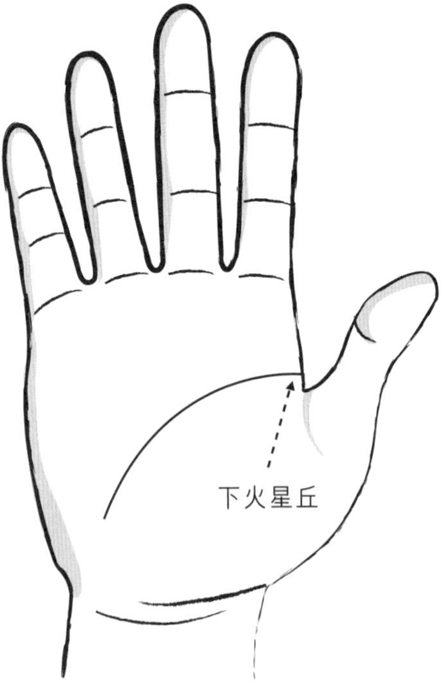

頭腦線起點穿入生命線內，起自下火星丘

頭腦線起點穿入生命線，起自下火星丘，代表其人好爭吵，常因小事而大吵一場，且態度粗野、無禮，不是一個有建樹的人。

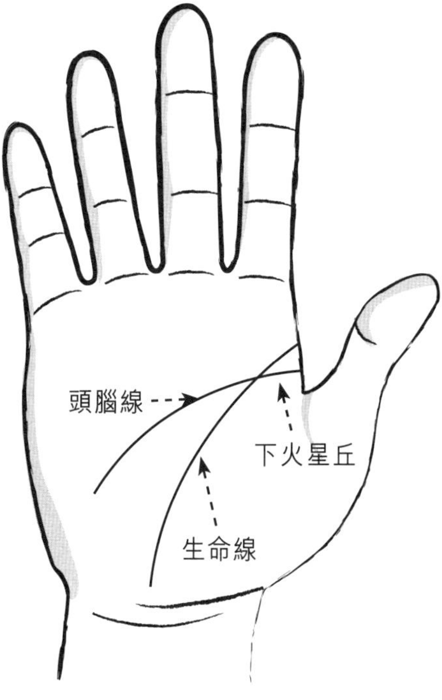

頭腦線起點與生命線分開

頭腦線起點與生命線分開，中國掌相學謂之「川字掌」，代表其人性格衝動，缺乏自我控制能力；做事時，每每未經周詳考慮便作出行動，而在這種情況下所作的決定，當然容易出現錯誤。

因此，中國占相書有說，川字掌的女性如早婚的話，即容易離婚，皆因川字掌的人會因一時衝動而結婚，但結了婚後又會後悔，繼而質疑當初為甚麼會結婚。最後，雙方可能會因為互相瞭解以後而發現根本合不來，只好離婚收場。

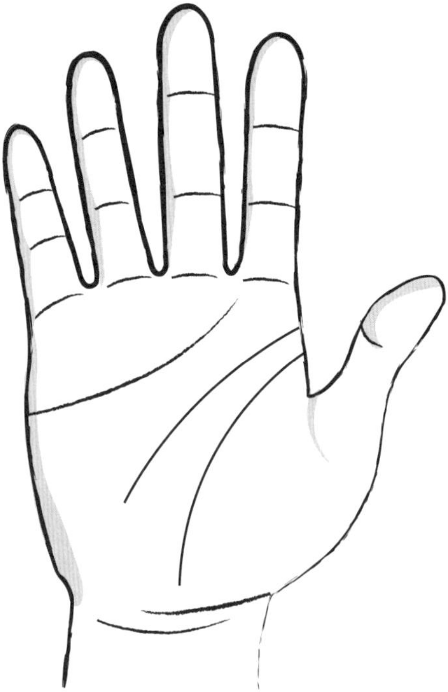

頭腦線起點剛觸及生命線便馬上分開

頭腦線與生命線起點接連之處，代表一個人考慮每一件事情之決定時間。頭腦線與生命線接連之處愈長，就意味其人花在考慮的時間愈久。

因此，如頭腦線僅觸及生命線便馬上分開，代表其人在考慮一件事時所花的時間很短，很快便能作出決定。這類人具有反應敏捷，決斷力強的優點。

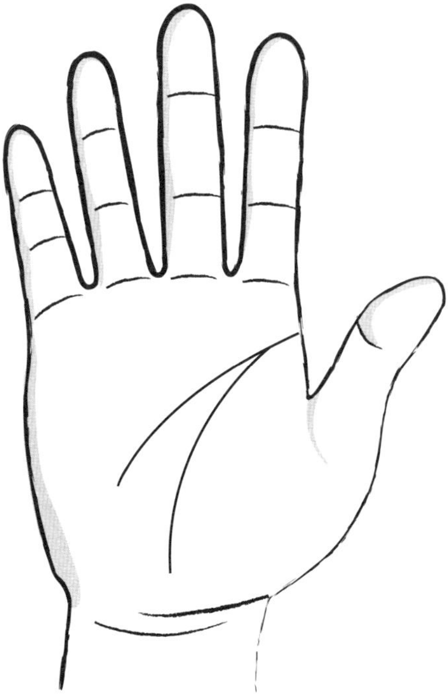

頭腦線與生命相連在一厘米以內然後分開

頭腦線與生命線相連在一厘米以內然後分開，可算是一條理想的頭腦線，代表其人做事前會經過深思熟慮，然後再作出決定。不過，其人花在考慮的時間不會太久，算是一個反應快的人。

一般人的頭腦線與生命線會相連一至兩厘米然後再分開，這樣亦算是可以接受的相連距離。

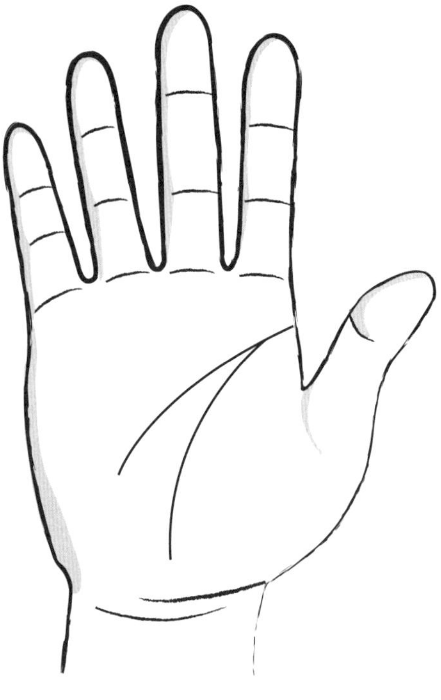

頭腦線與生命線相連在兩厘米或以上才分開

頭腦線與生命線相連愈長，代表其人考慮一件事情所需要的時間愈久。事實上，兩線相連在兩厘米以上，可算是一個頗長的距離，代表這個人決斷力弱，不能承擔責任。

如相連在三厘米或以上，就代表其人過分小心謹慎，甚至連丁點的小事情都不敢承擔，是一個不能做決定的人。

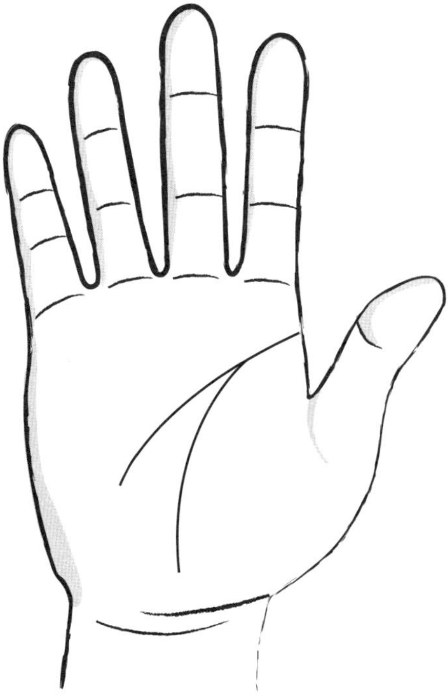

兩條頭腦線平衡而出

兩條頭腦線平衡而出，能加強頭腦線的作用，亦代表其人思考能力強，較容易在社會上出人頭地，享有豐足的物質生活。

此外，兩條頭腦線平衡而出，亦代表容易得到遺產。

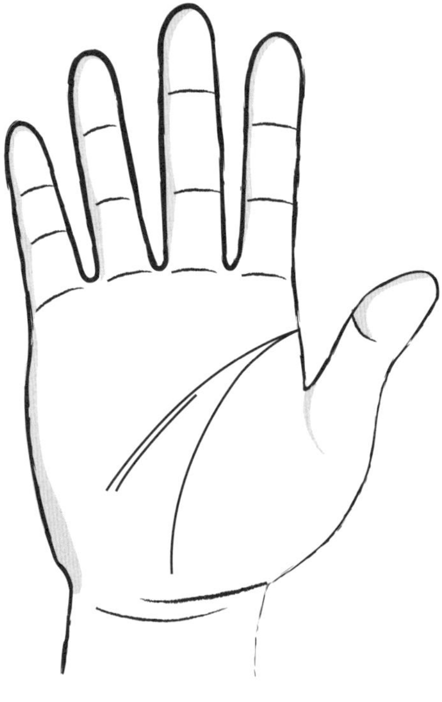

雙重頭腦線，一條往上，一條往下

頭腦線向下代表喜愛幻想，頭腦線向上代表過分現實。

頭腦線一條向上，一條向下，代表其人有時過分現實，有時過分幻想，是一個現實與幻想分不開的人。

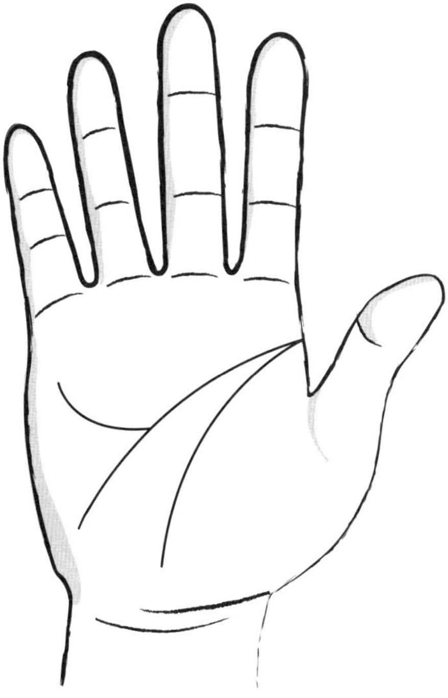

頭腦線出現島紋

頭腦線出現島紋，代表思想受到破壞，頭腦線因而出現一段空白期，而空白期之長短以島紋之大小而定。島紋大則空白期長，島紋小則空白期短，但空白期大多在半年以上。

一般而言，這空白期多數是由失戀所引致，亦有小部分是因為頭部受傷所致。

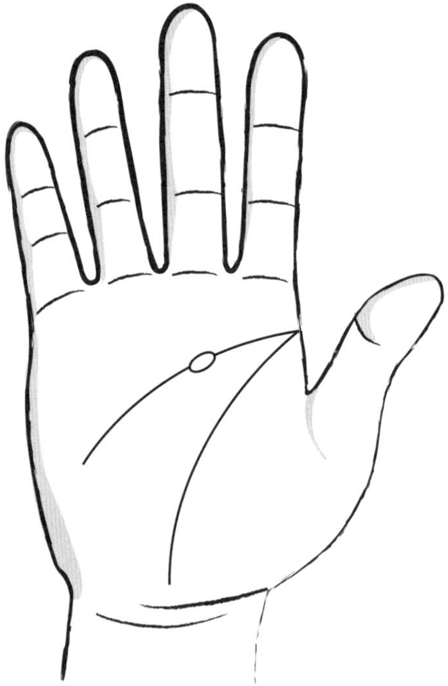

頭腦線由島紋組成

頭腦線由島紋組成，代表其人思想不清，常常忘記開始時在想甚麼，亦代表其人易有頭痛之患。

一般而言，這類人皆不宜從事計算、思考的工作，且容易有頭痛病及精神不能集中之弊。

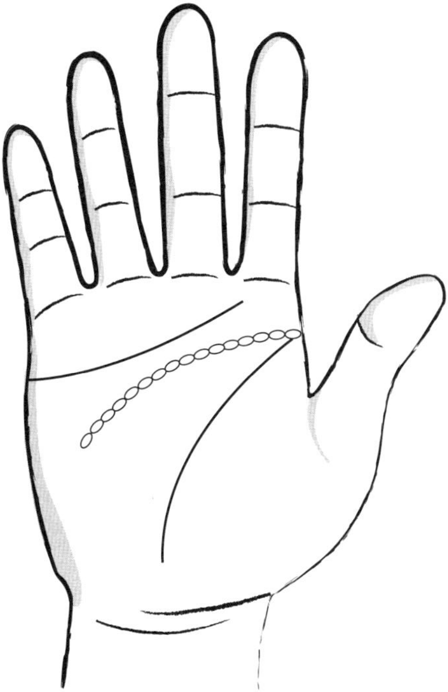

頭腦線由很多紋重疊而成

頭腦線由多條淺線重疊而成，代表其人思想不明確，很容易改變當初所決定的事情。

此外，他們往往不能集中精神去想一件事情，情況與頭腦線由島紋組成有相似之處，但程度較輕。

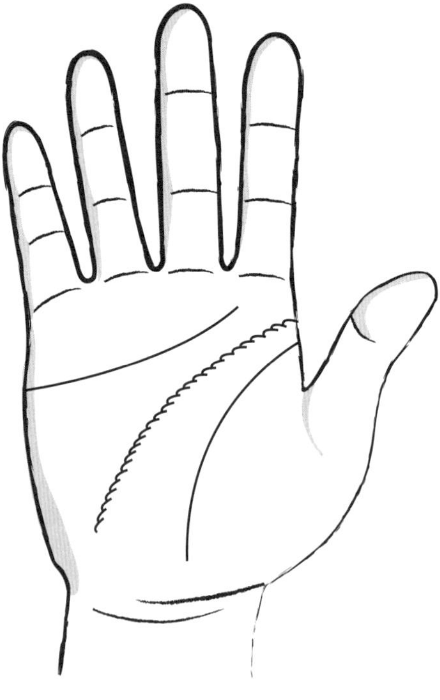

（二）生命線

生命線以深長而清為佳，這樣代表身體健康狀況良好。如線紋淺而不清、有島紋、三角紋、十字紋，代表身體容易出現毛病。

生命線深長而清

生命線深長而清，代表身體健康狀況良好。由於左手代表三十歲以前，右手代表三十歲以後，如左右手生命線皆良好，則一生身體強健，否則要看哪一隻手的生命線較佳，從而判斷三十歲前後的身體狀況。

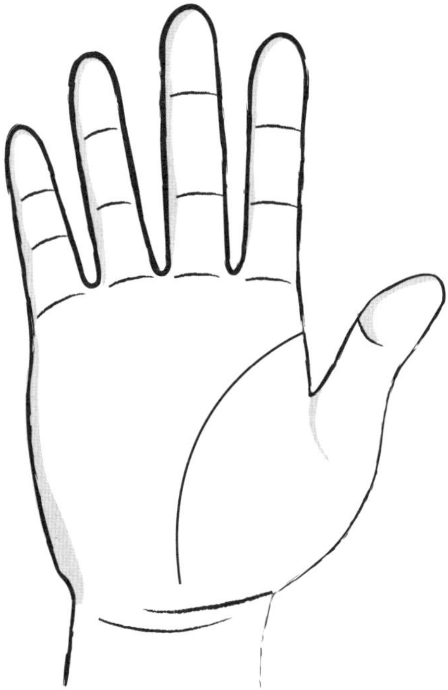

生命線起點正常起於木星指（食指）基部與金星虎口之中間

這是一條正常起點的生命線，並沒有其他特殊意義。

事實上，大部分人的生命線都是起於此處。

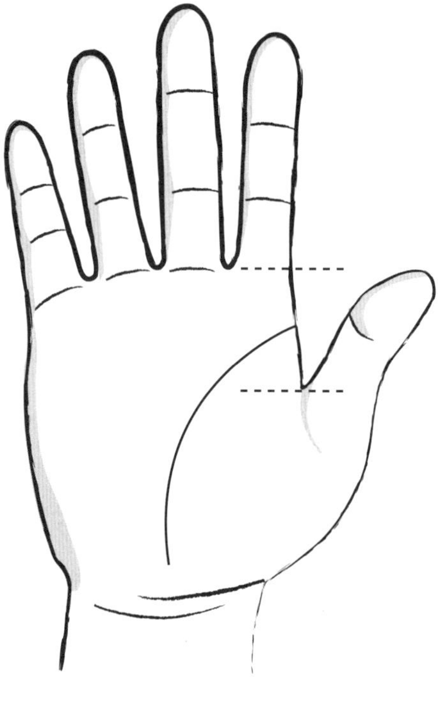

高位生命線

生命線起點起自木星丘，代表其人野心大，常喜處於領導地位，支配別人。但這種起於高位的生命線並不常見。

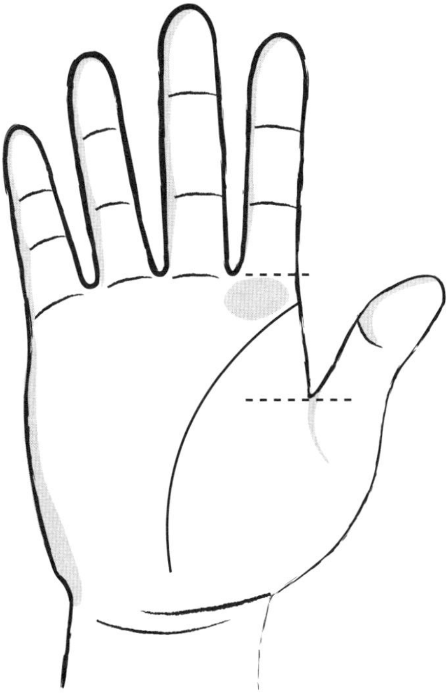

低位生命線

生命線起點靠近下火星丘，而下火星丘代表善爭鬥、不服輸，故生命線起自下火星丘的人，其人容易發怒，性格衝動，容易與人發生爭執，一生易有打架損傷之事。

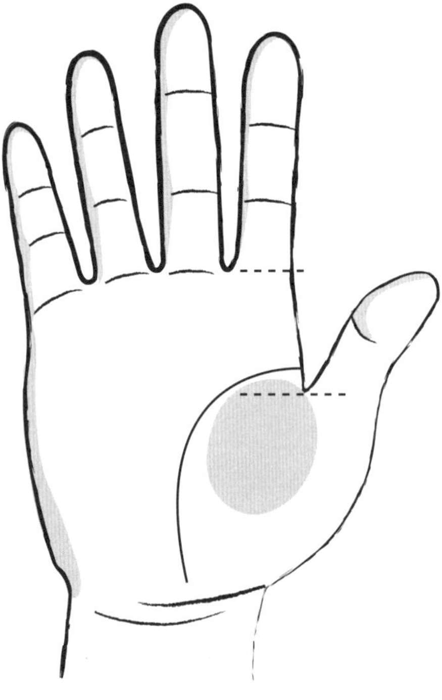

生命線弧度闊

生命線弧度闊，形成金星丘比例較大，因金星丘代表愛心，故具此掌型的人富有同情心，個性樂觀。

可是，女性有此掌型，則代表一定要有愛情才能生存，不能忍受一個人獨自生活。

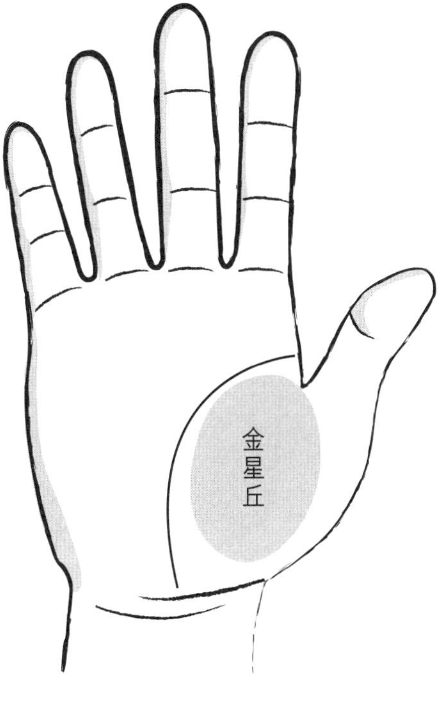

生命線弧度窄

生命線伸出後幾乎往下垂直，會形成狹窄的金星丘。

這掌型代表其人欠缺熱情，性要求並不活躍。女性手上如有這記號者，會較難受孕，且有性冷感傾向。

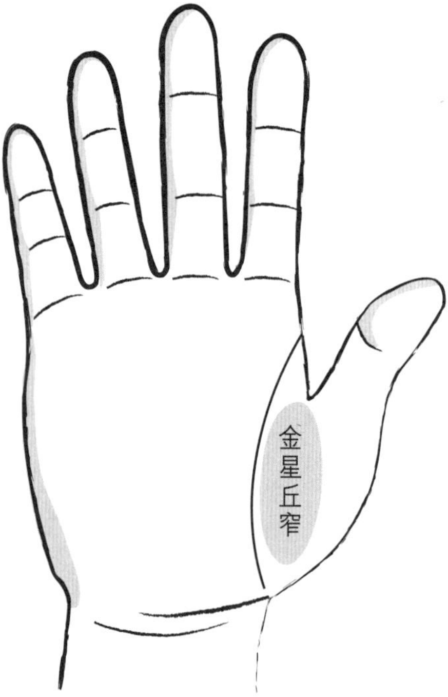

生命線重疊而生

擁有這種生命線的人，體質較弱，小毛病特別多。如後天不加強鍛煉，中年以後身體狀況會每況愈下，甚至長臥病牀之中。

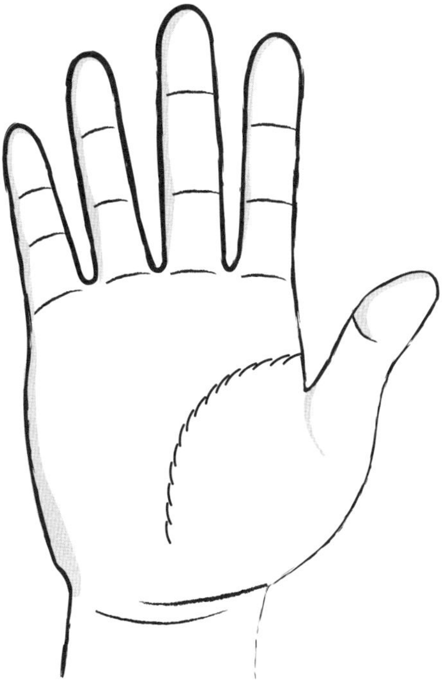

生命線由島紋組成

島紋代表長期慢性疾病，這種病既不能根治，又不會出現嚴重問題，危及生命，最常見者為胸肺、喉嚨、氣管、呼吸系統敏感、腸胃、腹部及皮膚敏感問題。

但島紋如果只是單獨一個出現，那只代表某段期間身體會出現慢性病，而發病時間以生命線所代表的時間去判斷。

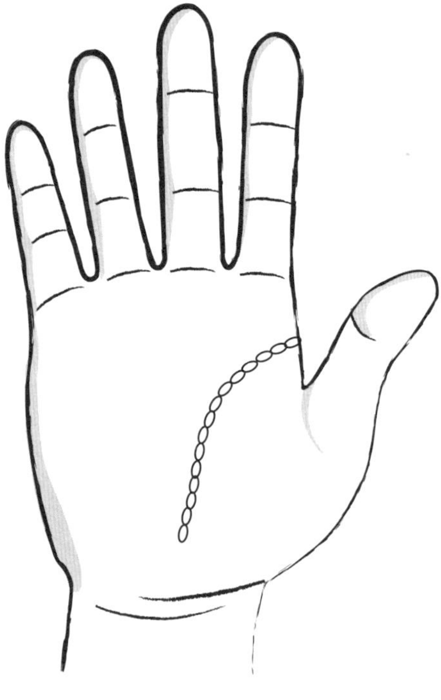

生命線短

生命線短並非短命之徵兆，此乃中年以後體質開始衰退之表徵。

如頭腦線短而感情線亦短，則這問題會更為嚴重，如不加以鍛煉身體，有可能出現短壽之徵。

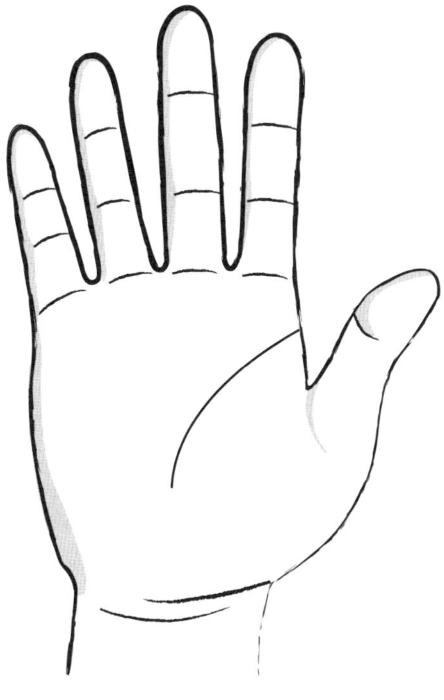

生命線重疊

重疊之線稱之為「火星線」、「姊妹線」或「生命輔助線」。有此線者，代表容易遇到生命危險，但最終又會幸運地避過——如撞車的話，會車毀人未傷；又如高空擲物掉在旁邊，但卻不會擲中自己。

如此線出現在先天掌，代表三十歲前會遇到生命危險；出現在後天掌，則代表三十歲以後，會遇到生命危險。

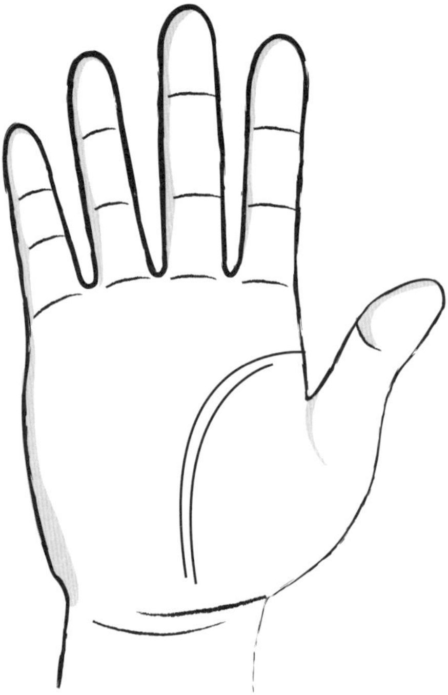

生命線中斷

生命線中斷，代表會出現威脅生命的危險，可能是撞車、其他嚴重意外或開刀手術，意味着會有死亡之厄。

至於遇到意外的年歲，則以中斷位置之生命線年歲去判斷。

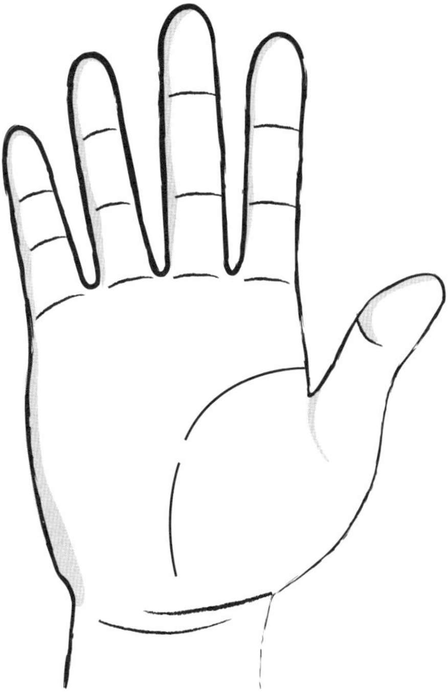

生命線折疊

生命線折疊比中斷的情況好很多，因為折疊的意思是，生命即使遇上危難，也能繼續生存下去，代表遇到危難也會「大步檻過」。

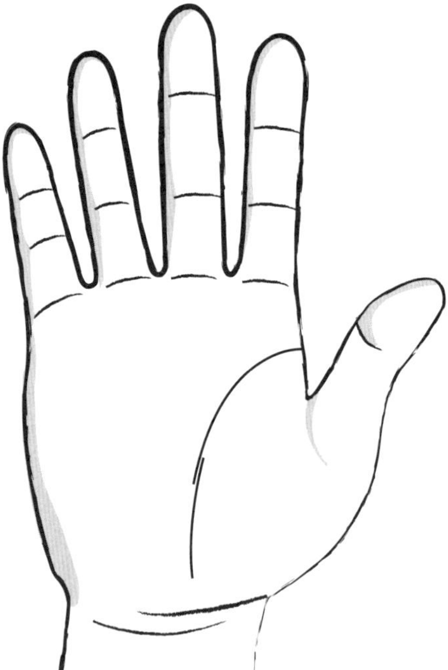

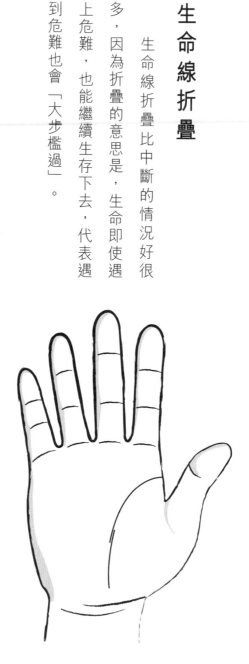

生命線出現十字紋

生命線中出現十字紋或交叉紋，代表在某段期間會遇到生命危險或身體要進行嚴重的手術，而該手術是具危險性的，應驗時間則以該十字紋在生命線所代表的年歲去判斷。

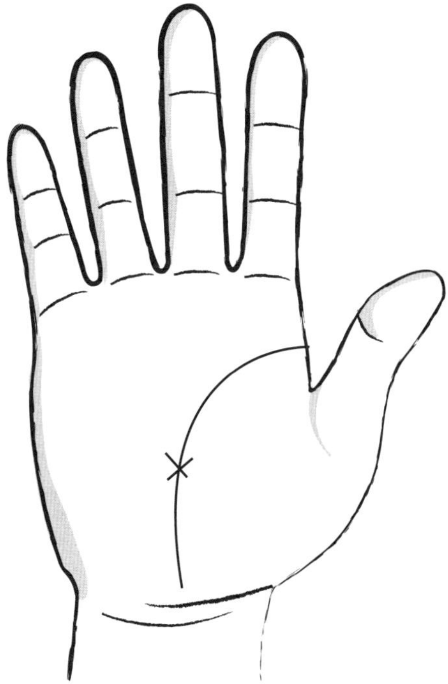

生命線上出現三角紋

生命線出現三角紋，代表有安全之損傷或安全之手術，並無生命危險。損傷或手術出現的年份則以三角紋所在的位置計算。

但如整條生命線都是由三角紋組成，則代表此人粗心大意，常常撞傷手腳，並不一定意味着常常動手術。

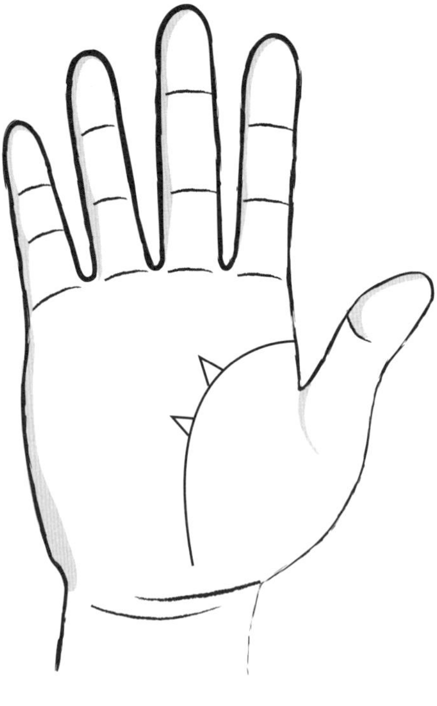

（三）感情線

感情線又叫「心線」，既代表感情，亦代表心臟。感情線之起點位於尾指以下之掌邊位置，然後橫過掌中，伸延至木星指（食指）以下。

亦有人說，感情線起點應在木星指以下，然後橫伸至掌邊為止，而我認為第一種說法較為正確。

事實上，掌紋之形成，大部分都是起點位置較深，終點位置較淺，所以，只要你細心觀察及以各線紋作比較，便不難得出我的答案。

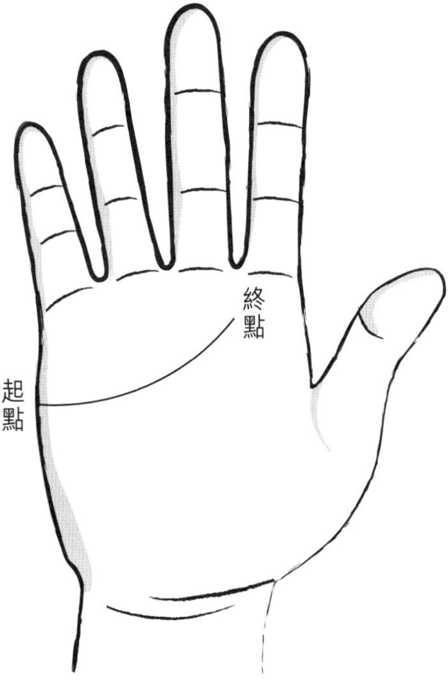

感情線之長度

論及感情線之長度，此線由掌邊伸延至木星指（食指）與土星指（中指）之間為合格，長於此為長，短於此為短。

AA——感情線長度穿越木星指與土星指中間，達至木星丘之位置，是一條標準之感情線，代表其人勇於付出感情。

BB——感情線長度只達至土星指下，代表感情線不達標準，是一個不夠勇氣付出感情的人。雖然這類人在追求異性時會顯得非常熱情，但當追到手以後又會覺得不外如是，感情很快便會冷卻下來。

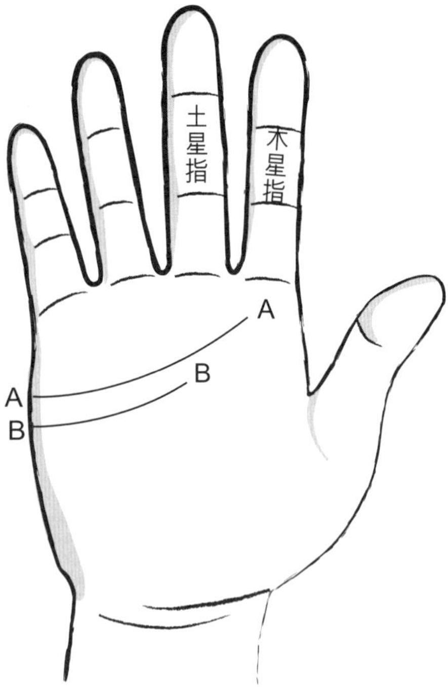

感情線呈片斷狀

感情線呈片斷狀，代表其人對感情之事不夠專一，容易同時開展幾段感情，不能取捨，以致不能自拔，甚至在結婚前還在問：「我到底嫁給誰才好？」而這種情況發生在女性身上居多。

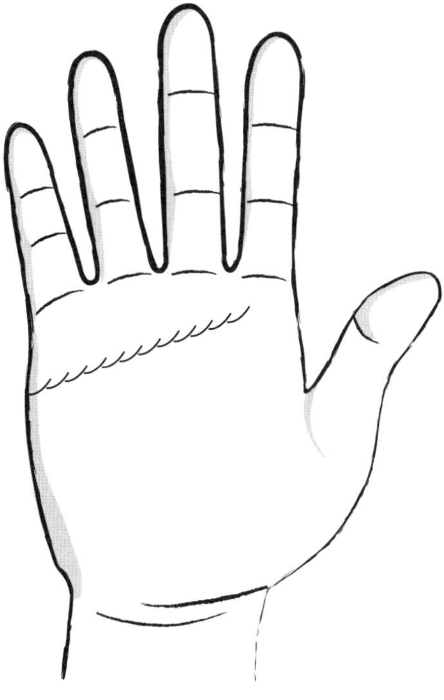

感情線淺而短

代表追求對象之時非常熱烈，但感情來得快，去得也快。兩人在一起沒多久，感情便會冷淡起來，愛情很快便告凋謝，情況比感情線短更嚴重。

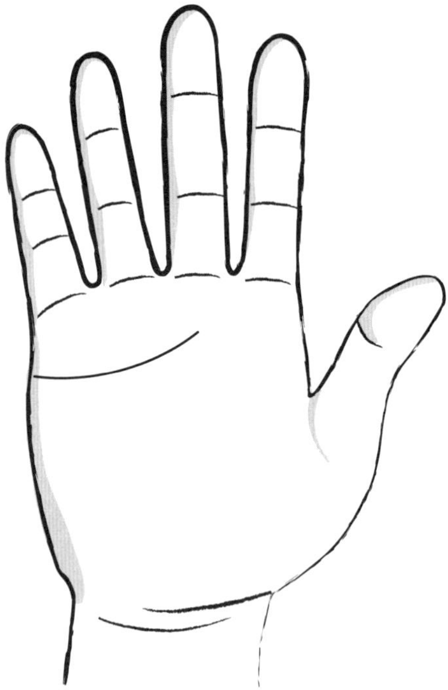

感情線向上並達至食指基部且成分叉狀

這是一條良好的感情線，代表婚後會得到幸福；如分三叉則更佳，代表婚後會得到幸福與財富。

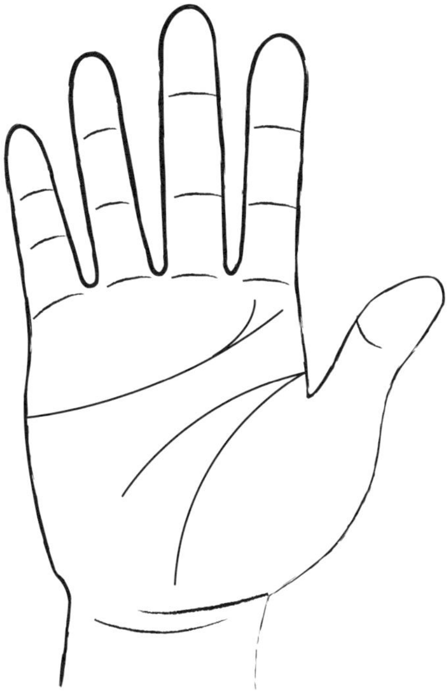

感情線有分支下垂觸及頭腦線

這條下垂之線稱為「愛情失望線」。

這線紋如出現在左手，代表第一段感情容易因第三者破壞而失敗；如在右手，則代表一生感情幻得幻失，常處於不安的狀態之中。

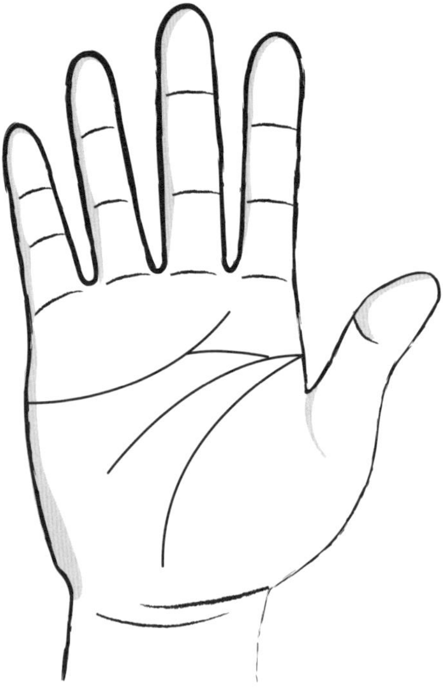

感情線線尾向下觸及頭腦線

這種線紋亦稱為「愛情失望線」，代表其人往往因為眼光不夠好，而愛上一些不該戀上的人，例如是有夫之婦或有婦之夫、別人的男朋友或女朋友之類。

另外，這類人常常會覺得自己的男朋友在各方面都不及人家的好。

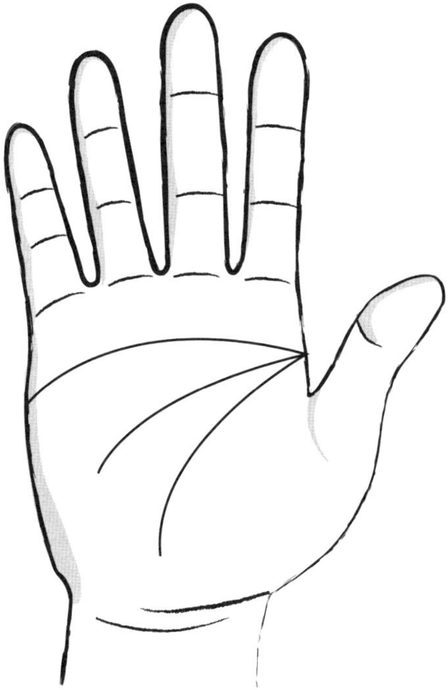

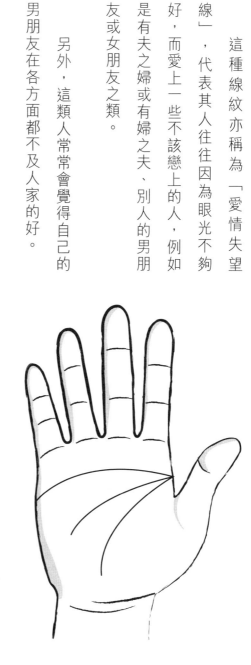

感情線有很多支線下垂

此線名為「花心蘿蔔線」。凡有此線者，並不一定代表其人很花心，而是這類人總是選來選去，仍不知哪一個人或哪一樣東西是最理想的，以致予人花心的感覺。

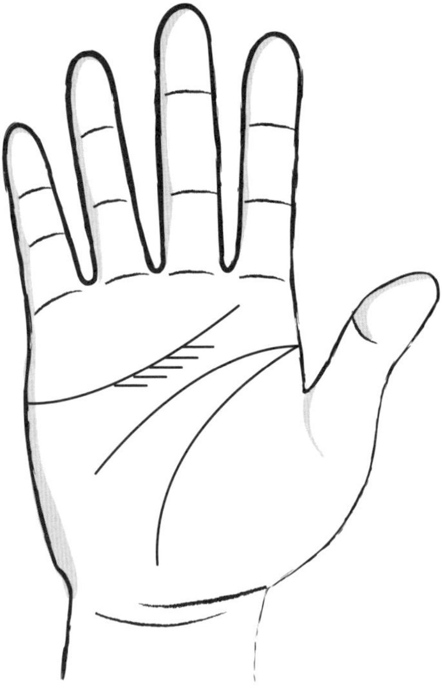

分叉的感情線

感情線長而良好，長度達至木星指下，且線尾分叉，代表其人勇於付出感情，亦容易接納對方的缺點。感情線尾部開叉，更代表這類人會得到幸福。

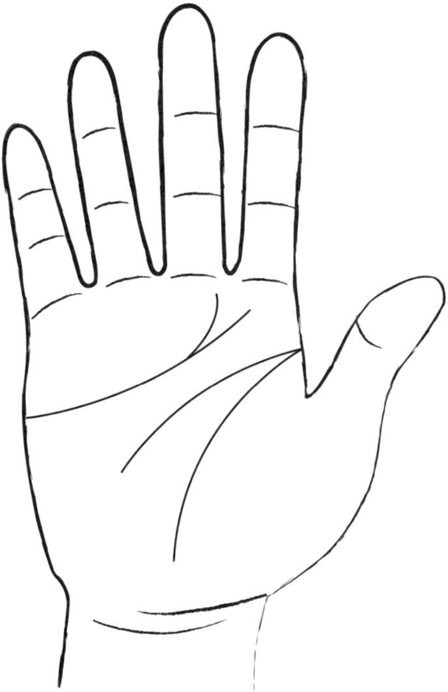

感情線開三叉

感情線長而良好，長度超越木星指與土星指之間，而線尾更開三叉，代表婚後能獲得幸福與財富，比線尾開叉更佳。

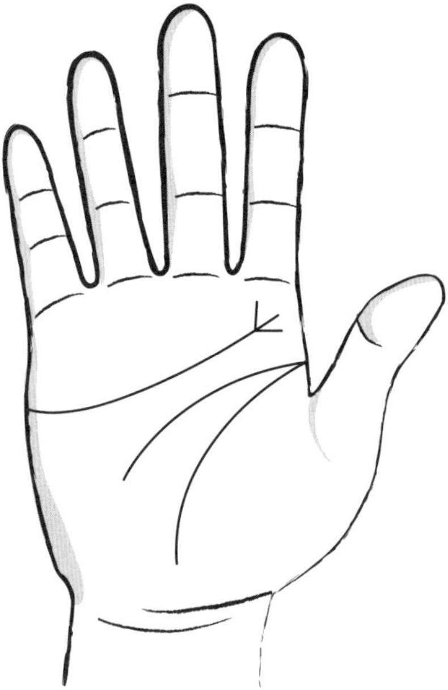

（四）命運線

命運線，又稱「事業線」，乃用以察看生活與事業是否穩定之線，但與事業是否成功沒有直接的關係。

一條深而長的事業線，代表其人一生事業平穩，會從事專業或大機構等不常改變的工作。一般家庭主婦亦會出現一條深而長的事業線。

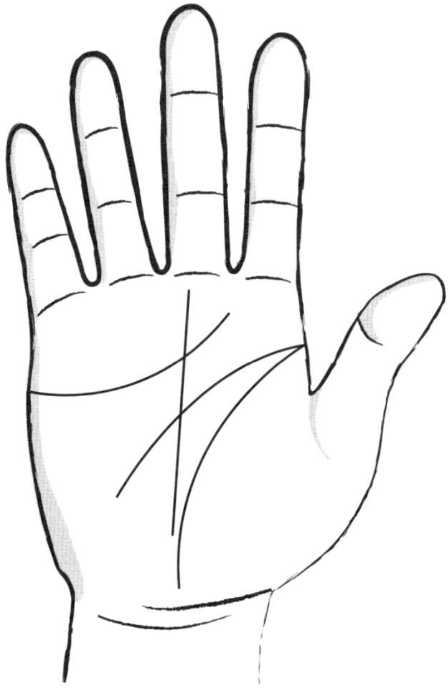

事業線起點低

事業線起點較低，代表其人很早就踏足社會或自小就到外地讀書，肩負自己照顧自己的責任。

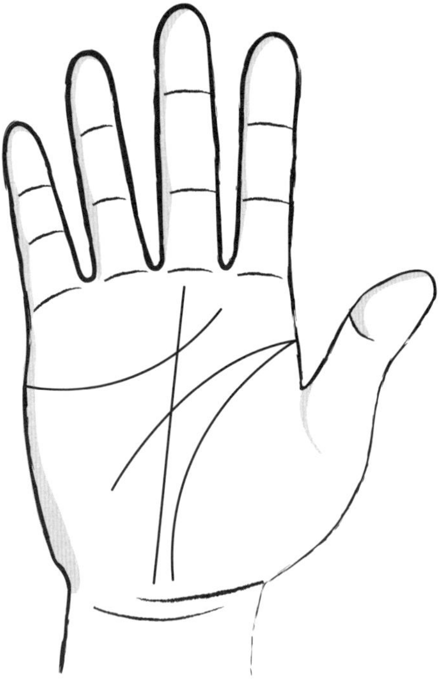

事業線起點高

事業線起點較高，代表事業起步較遲，且較遲才踏足社會，可能完成大學或以上學歷後，才開始投身社會。

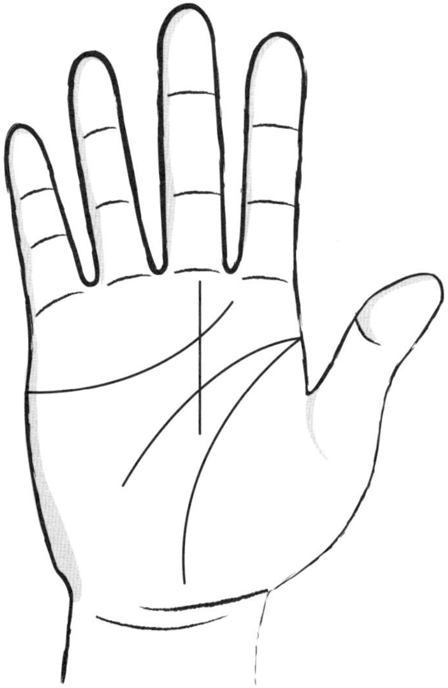

事業線起點不同，有着不一樣的結果

A——事業線起點在A位置，為最常見的事業線，代表要靠自己努力及個人才幹，方能達致成功，而其過程亦較辛苦。

B——事業線起點在生命線上，代表不能夠自由選擇職業，其職業大多與家族或家人有關，亦代表容易與親人一起發展事業。

C——事業線起於掌邊的太陰丘，代表容易在事業上得到朋友之輔助，尤以異性朋友為甚，亦代表適宜從事經常接觸陌生人的工作。

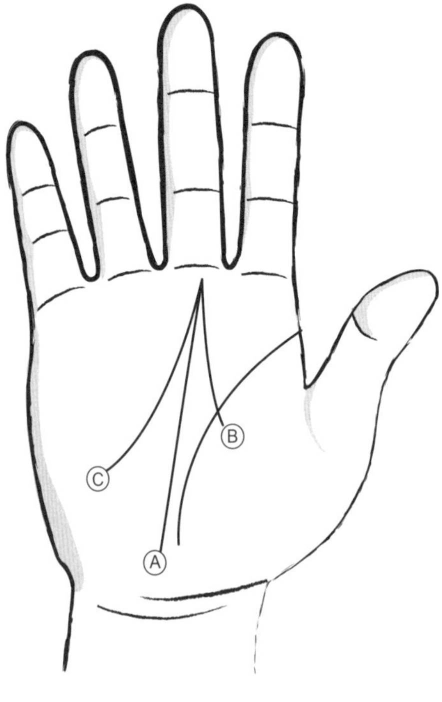

事業線斷續不清，甚至沒有事業線

這樣代表在事業上目標不明確，常有改變的機會。不過，亦有一生從事同一項工作卻沒有事業線者，這代表其人的心根本不在眼前的工作上，終日都在思變，但卻只流於空想而沒有實際行動。事業線明顯與否，跟成功與否並無直接關係，尤其在千變萬化的現代社會中，有深而明顯的事業線者，有時反而會因被困在一個範疇裏面，不能改變，而容易被社會淘汰；相反，沒有明顯事業線的人，變通能力較強，如果再加上掌型良好、大拇指強而長大，則容易因把握到一個機會而達致成功，亦代表能適應瞬息萬變的世界。

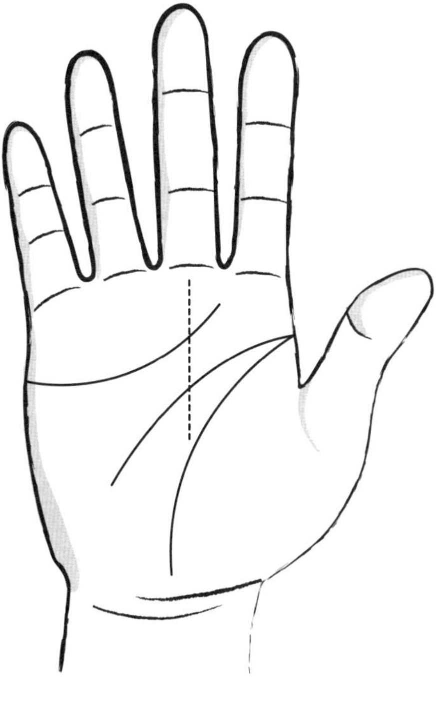

事業線中斷

事業線中斷，在這個現代社會最為常見。

事業線中斷之位置代表其人在事業上會有所改變，可能是轉公司甚至轉業，而轉變的時間以命運線中斷之所在位置去判斷。

如在頭腦線當中中斷後再生出另一條線，則男性代表三十八至四十歲、女性代表三十五至三十八歲時，事業會出現較大的改變。

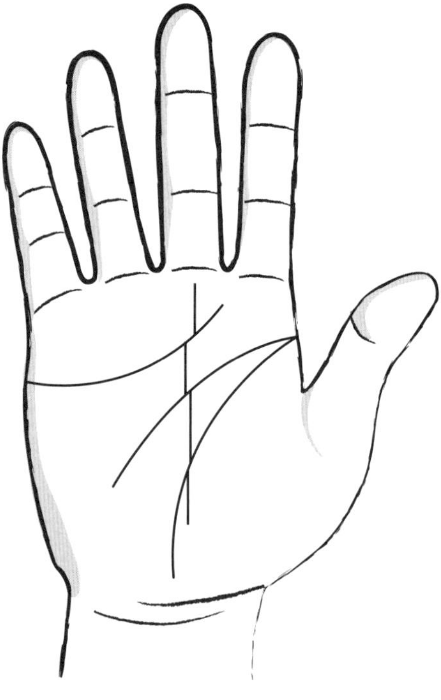

事業線當中有島紋

事業線中出現島紋，代表事業會出現極大的困難。

如島紋在事業線起點，代表發展事業開始時，要經過極大的困難才能開展。

如事業線中間出現島紋，則代表事業在某個時期會出現困難，而時間則以事業線的年歲去判斷。

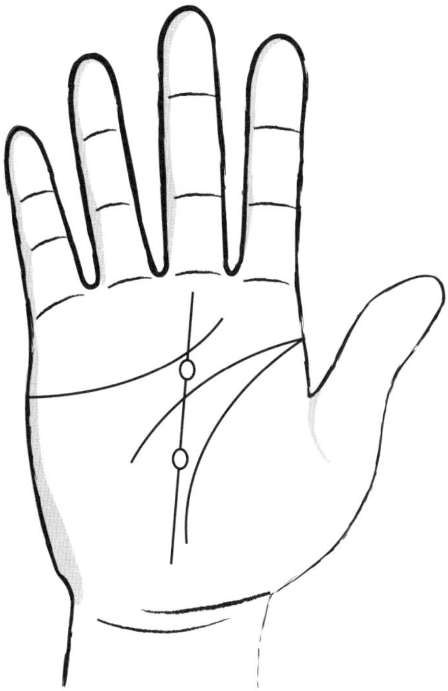

事業線被橫線切過

事業線被橫線切過，代表當時之事業會出現困難，而困難之大小則以切過的線之深淺、長短而定——淺而短者，影響較細，深而長者，影響較大。

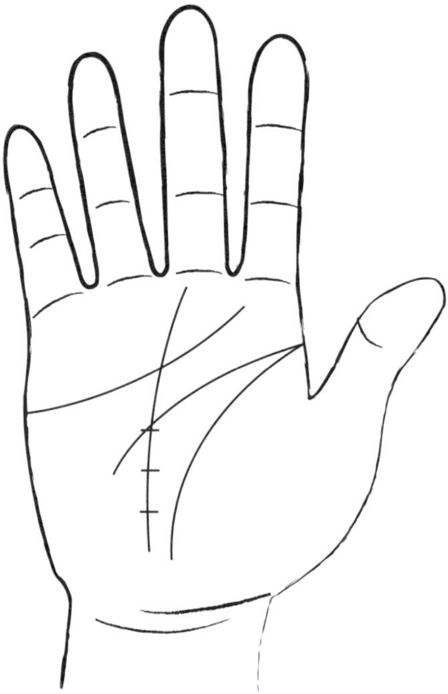

事業線如被深而長的橫線切過，代表事業會出現重大的困難，亦代表有機會失去至親。

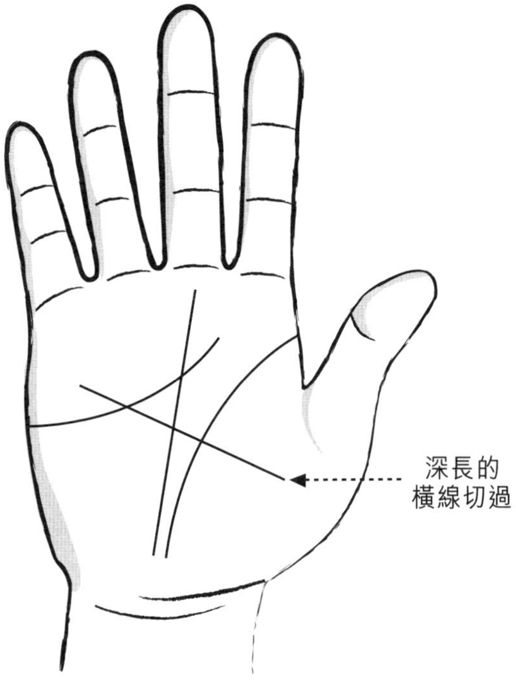

事業線出現重疊

事業線重疊並行而上，代表其人在正職以外尚有兼職，亦代表事業之雙重發展。

如兩線之深淺不一，則代表一為主業，一為副業，如兩線深淺一樣，就代表同時進行兩種事業，且其重要性相同。

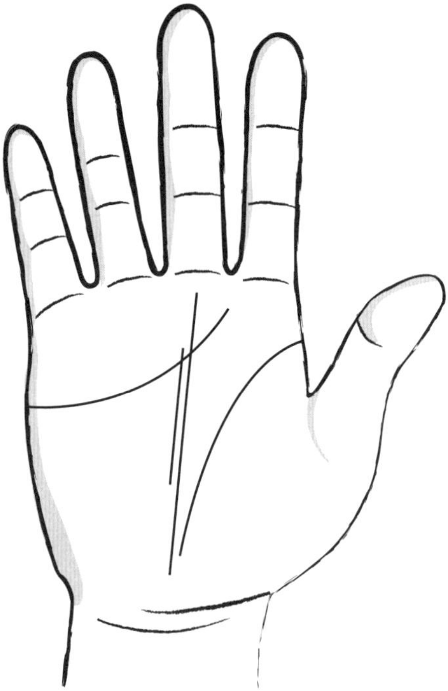

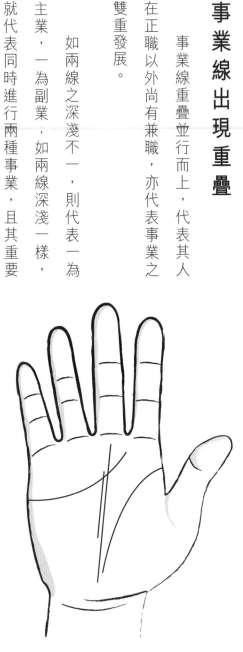

事業線彎曲

代表做事缺乏恆心，難以持久，決定了的事，轉眼又會改變，是一個難有建樹的人。

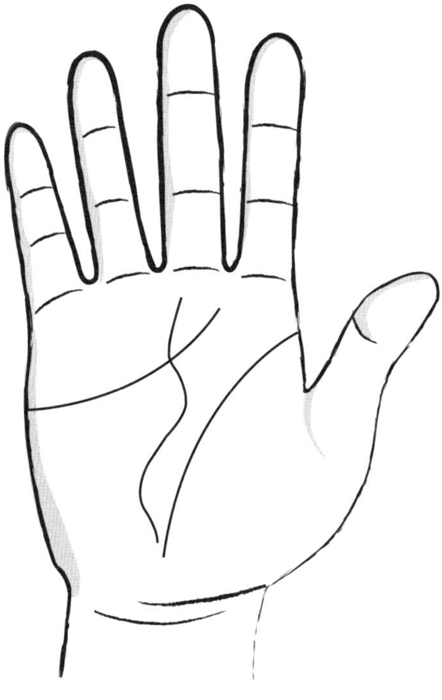

（五）成功線

不論成功線的起點在何處，其線尾一定要指向太陽丘。成功線以深長而清為佳，淺、短、重疊為劣。有着良好成功線的人，不論從事何種職業，皆容易得到成功。

如先天掌出現成功線，代表其人只能在少年時期當一個鋒頭人物，或在學校裏面較受人注意；如果右手之成功線消失了，則代表這成就不能維持到三十歲以後。其人在三十歲以後可能要做回一個平凡人，令其鬱鬱寡歡。

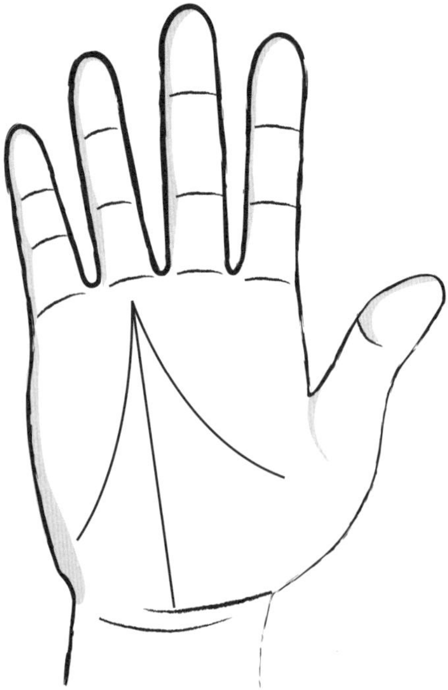

成功線又稱「財運線」及「人緣線」，一個人有着財運及人緣，那還不是成功的代表嗎？

因此，擁有一條長而清的成功線，比一條長而清的事業線更為重要。原因是，有深、長而清的事業線，只能代表一生有一份穩定的工作，可能是專業人士或在政府機構上班；但如能配上一條長而清的成功線，則代表在自己的專業領域裏頭，能成為一個出色人物，得到別人的羨慕與敬仰。

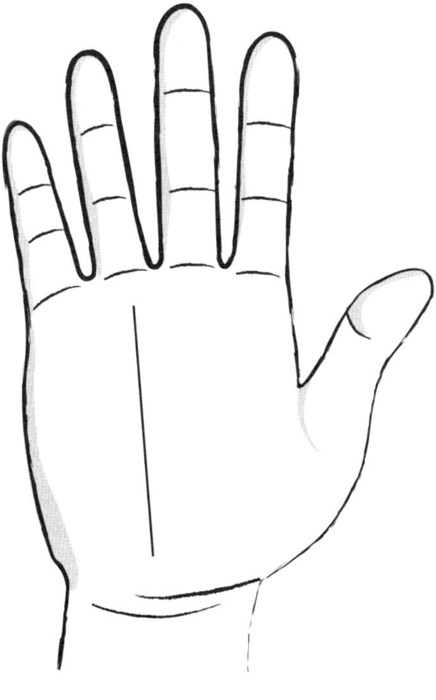

成功線起自掌邊太陰丘處

成功線起自太陰丘，而因為太陰丘代表異性，亦代表群眾，故宜從事常常接觸群眾的工作。這類人若能當上政治家或演員等的話，將會獲得極其亮眼的成就。

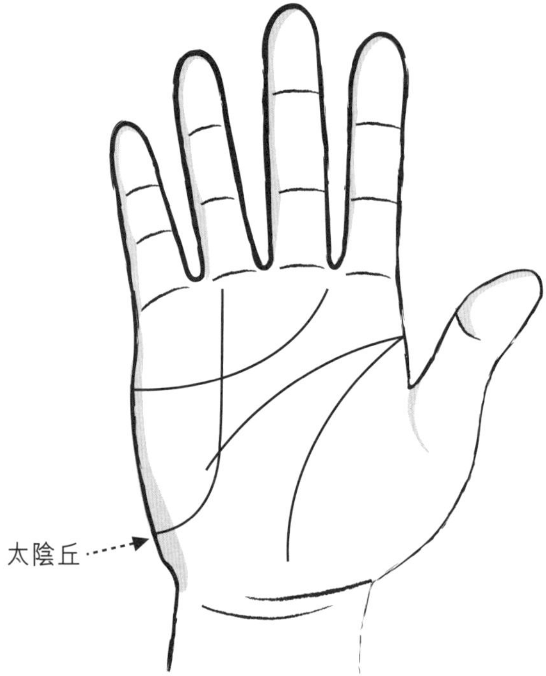

成功線起自掌中

成功線起自掌中，線紋清楚而明顯的話，代表能憑着個人努力，一心一意邁向成功。當中過程雖然較辛苦，但得到的滿足感卻相當大。

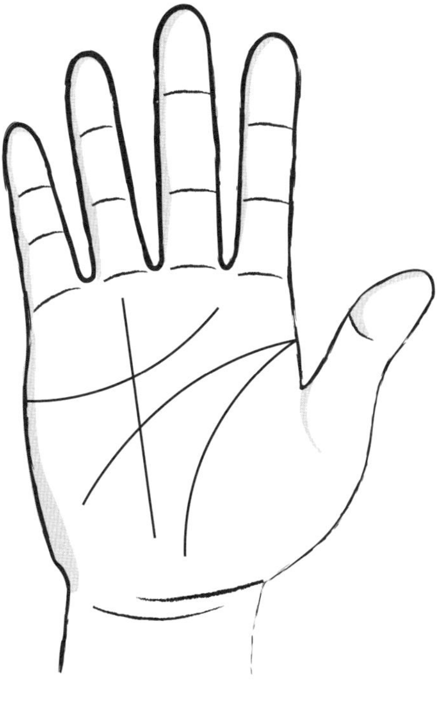

成功線起自金星丘

成功線起自金星丘的話，代表其人能因親屬的幫助而達致事業成功。

擁有這樣的成功線的人，最宜與親屬或家人發展事業。

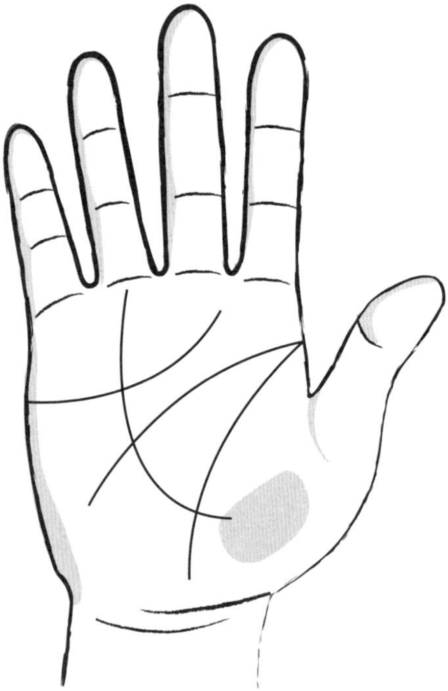

成功線起自頭腦線

成功線起自頭腦線，如再加上頭腦線長而良好，橫向而生，則其人會因個人智慧而得到成功，而這種成功是不容易失去的。

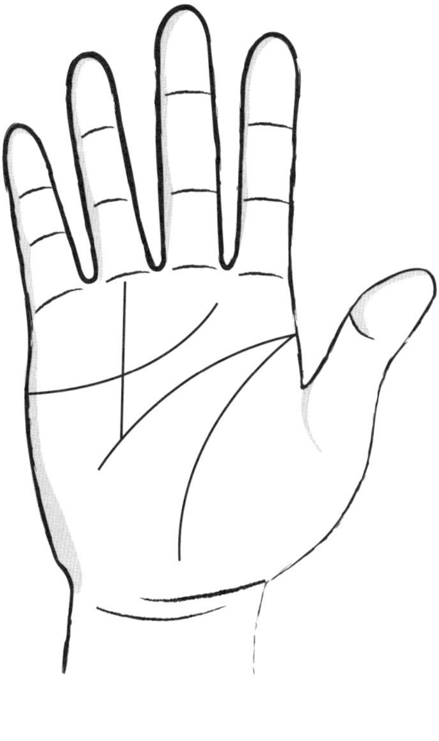

成功線起自感情線

成功線起自感情線，代表成功來得很晚，多數在五十歲後才成功，故其成就會相對較小。

不過，凡有着這條成功線者，皆主有豐裕的晚年生活。

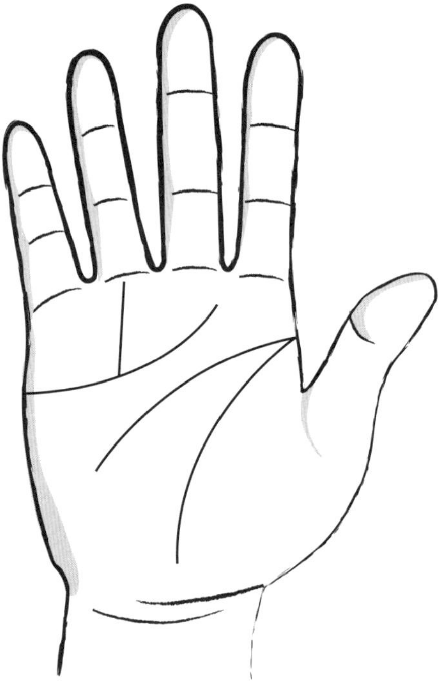

成功線成雙

成功線成雙，並行而上，並非代表加倍成功，反而會令其作用減半，因成功線以一條直上，深刻而清為佳，這樣才能發揮全部作用。

成功線成雙的話，只代表力量分散，不能集中，反而削弱了原有的作用。

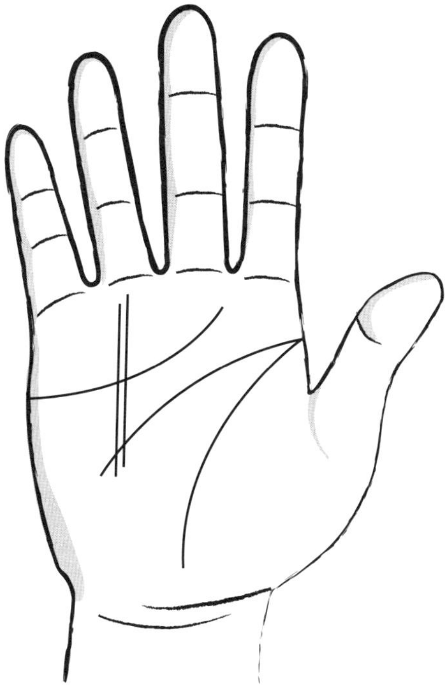

成功線斷續

嚴格而言，成功線斷續而上的話，可作沒有成功線去判斷。

但如果斷續的部分較長，長度超過一厘米以上，亦可判斷其一生財富不斷，但並不代表有任何輝煌成就。

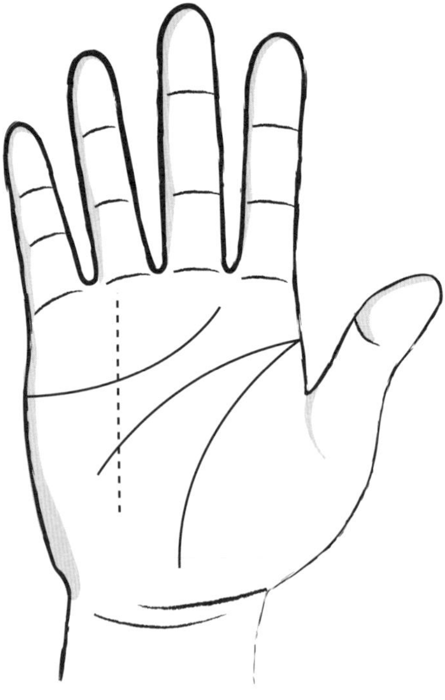

成功線當中出現島紋

成功線上出現島紋，表示會因色情事件而喪失名譽與財富，經歷時期以島紋大小作判斷。若此島紋靠近感情紋，則判斷會更為準確。

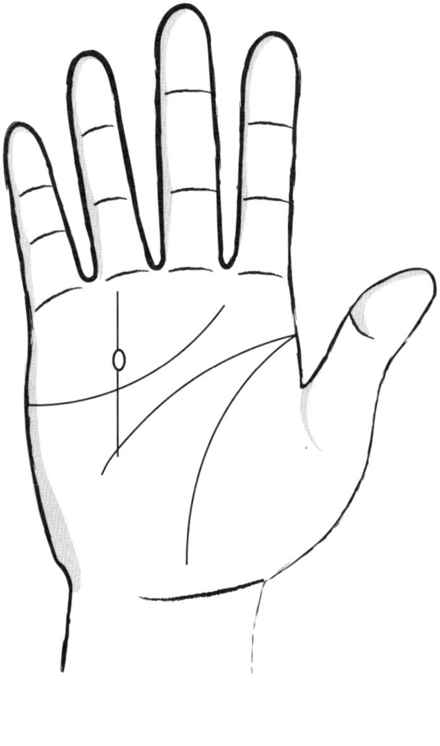

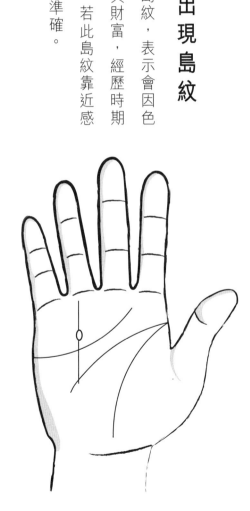

成功線起自手掌基部，但在頭腦線上開始消失

成功線起自手掌基部，代表其人少年過着富裕的生活，及後可能因家庭出現巨變，才令這種富裕的生活無法維持下去。

此種成功線亦代表少年得志，但在青中年以後，卻無以為繼。

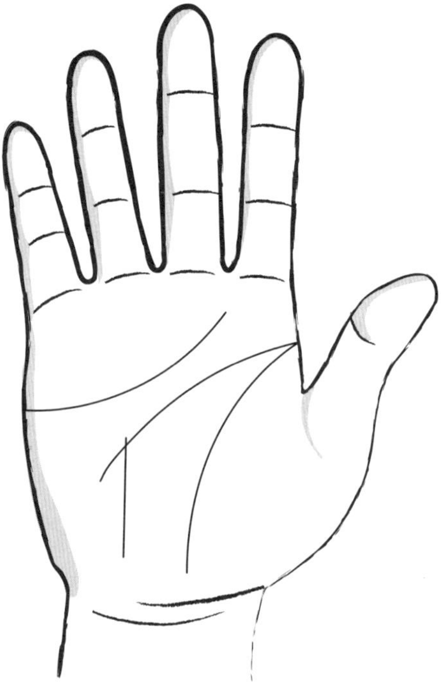

（六）水星線

水星線又名「健康線」，亦叫「第六靈感線」，又水星線不論起自何方，其線尾皆指向水星丘。

水星線以深長而清為佳，主能發揮健康的保護力，亦代表擁有不平凡的感應能力。

若水星線淺而亂，代表健康容易出現問題，亦代表神經過敏，疑神疑鬼，故沒有水星線比有一條雜亂的水星線為佳。

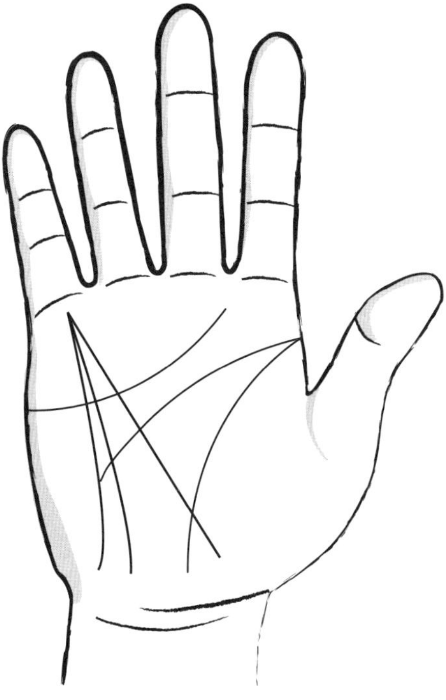

水星線深長而清

水星線深、長而清，代表身體健康狀況良好，亦代表有着特殊的感應能力，對很多未發生的事，皆能憑感應預知。

如果此線在先天的手，代表天生已有這種能力；如線紋出現在後天手，則這種能力會在三十歲以後逐漸顯現出來。

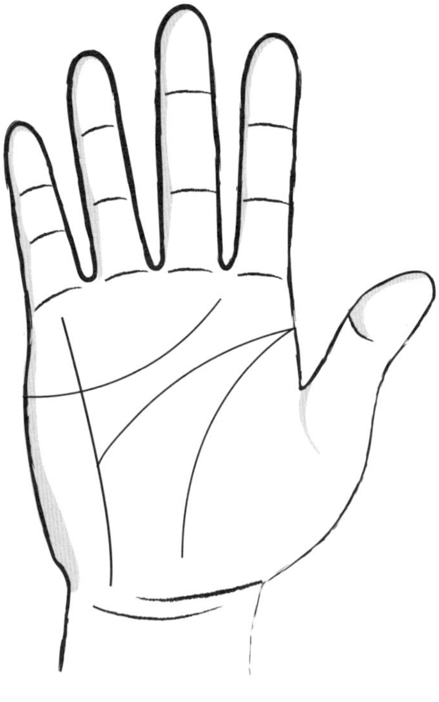

水星線混亂不清

混亂、多、重疊、呈片段狀的水星線最為常見。

這類人常常覺得自己有感應能力，但實際上根本不能感應到一個清晰的影象，以致每每疑神疑鬼，常帶一點神經質。

因此，各位讀者身邊如再有朋友自誇自己有感應能力，你拿其掌一看，便知道真與假。

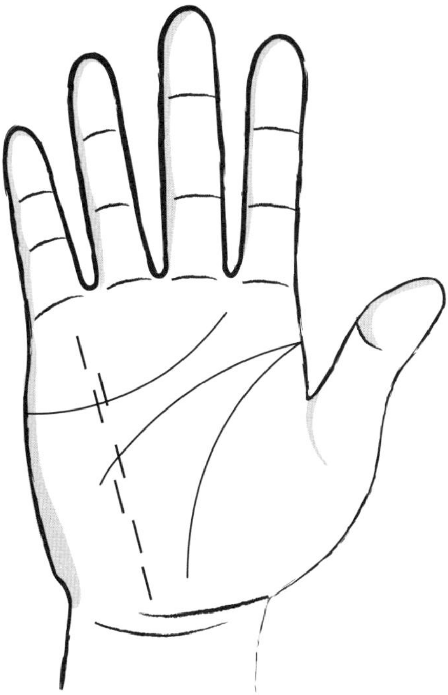

水星線呈鎖鏈狀

呈鎖鏈狀的水星線，不單不能發揮其人的感應能力，反而會令人因感應錯誤而喪失財富。此線型亦代表有肝臟及胃腸的疾病。

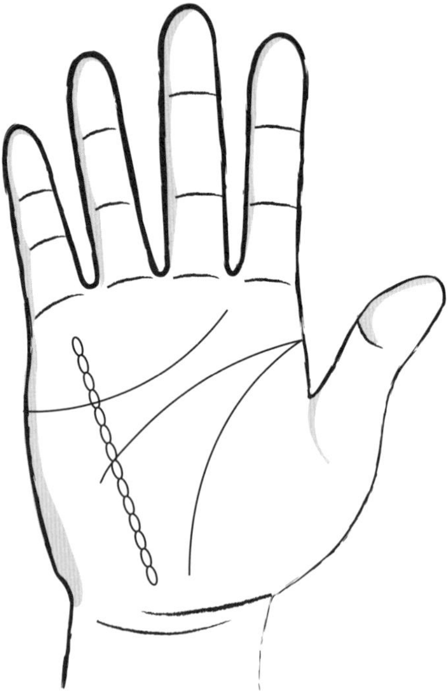

水星線淺而闊

水星線代表生命力的強弱，如水星線淺而闊，則其人生命力不強，先天肝膽容易出現問題，引致消化系統易生毛病。

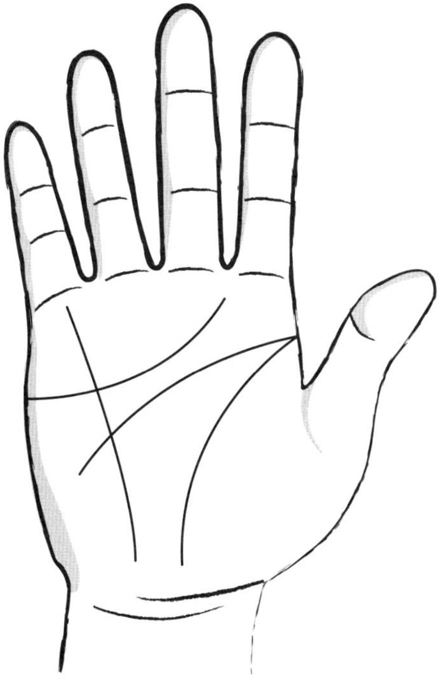

水星線在太陰丘被橫線切過

水星線在太陰丘被橫線切過，是一個疾病的記號。

如被切過之處在太陰丘上部近頭腦線處，代表腸胃容易出現問題；中部代表腹病及風濕病；下部代表腎、膀胱、泌尿系統問題，女性則易有婦科病。

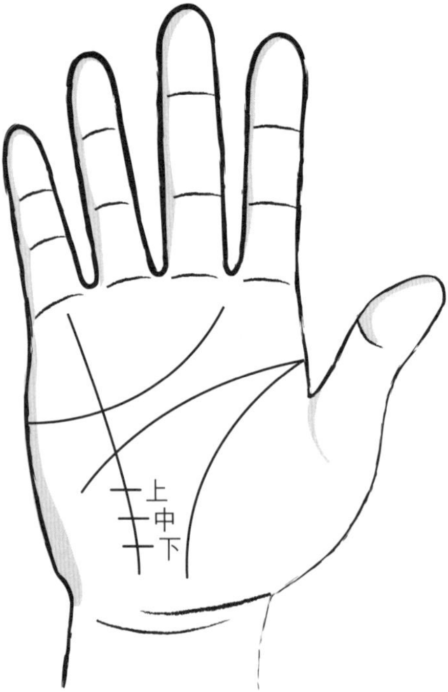

（七）婚姻線

婚姻線乃水星指（尾指）下、沿着掌邊橫過的線紋。婚姻線不一定代表婚姻，正確來說，這是感情的記號，記載着感情的深淺與好壞。

婚姻線靠近掌邊之位置為起點，延伸至掌中之位置為終點。

婚姻線是用以記錄感情的記號，故擁有一條明顯的婚姻線，就代表其人有一段清晰的感情。

婚姻線深長代表感情深刻，淺短代表感情不深，流於片面。

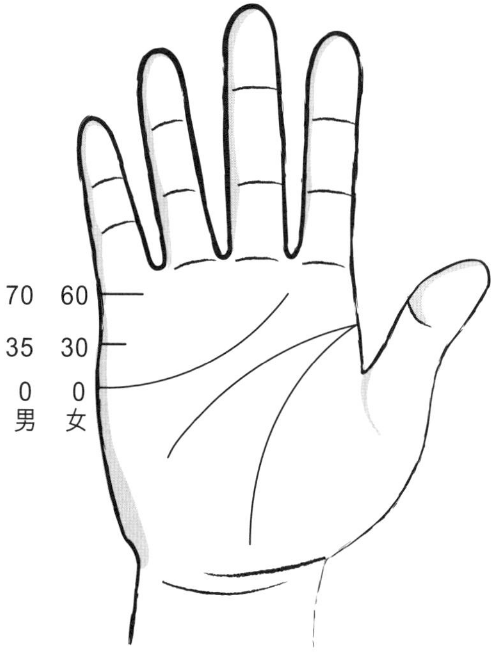

婚姻線之高低位置，代表着感情出現之時間，靠近感情線方向為起點，靠近水星指（尾指）為終點，男性代表零歲至七十歲，女性代表零歲至六十歲。婚姻線在中間位置出現的話，男性可斷為三十五歲前後，女性則斷為三十歲前後。

由於感情線至水星指基部這段短距離，代表了幾十年的感情事，故在判斷發生感情的時間時，需要直覺再加上經驗，而經驗可以靠時間累積，但直覺能力則屬於先天的，有便有，無便無，並不能靠經驗去填補。因此，學習命理、掌相、面相時，必須有着先天性的直覺能力，才能成為一個出色的命相學家。

但是，當你有着先天性直覺的時候，又是否有興趣或願意去成為一個命相學家呢？所以出色的命相學家可謂百年甚至千年難得一見。

好的婚姻線

一條或兩條明顯而粗幼均衡的婚姻線，主婚姻美滿，且能維持一段感情到老。

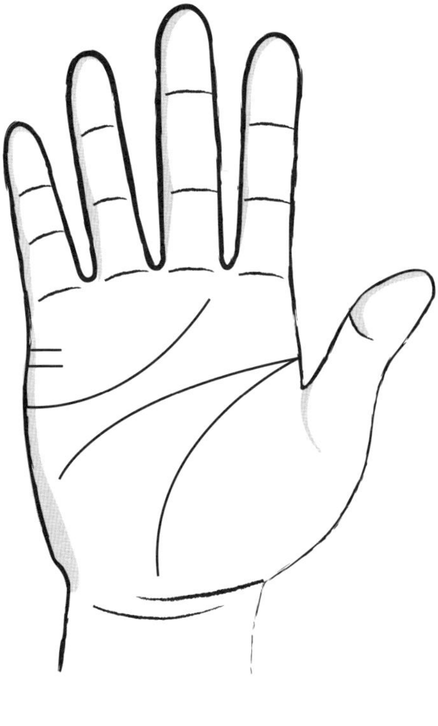

婚姻線兩條平衡，一深一淺或一長一短

淺線或短線在深線及長線之前，代表結婚前會有一段明顯之感情；但如在淺線或短線之年歲已結了婚，則代表婚後會遇到一段更深刻的感情，有機會離婚再婚。

但在深線或長線後有短線或淺線，則代表婚後仍有新戀情出現，但這戀情是短暫的，亦沒有結婚的一段感情深刻，故影響婚姻的機會不大。

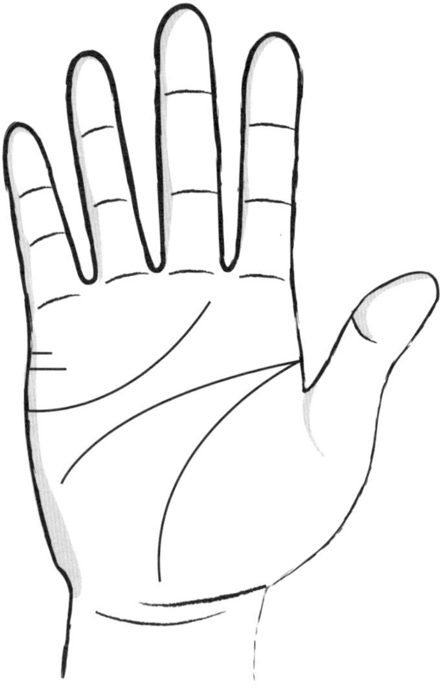

婚姻線兩條平行，距離非常貼近

婚姻線出現兩條平行、粗幼相等、距離貼近。這代表有同居意願，不一定會結婚，故可稱之為「同居線」。

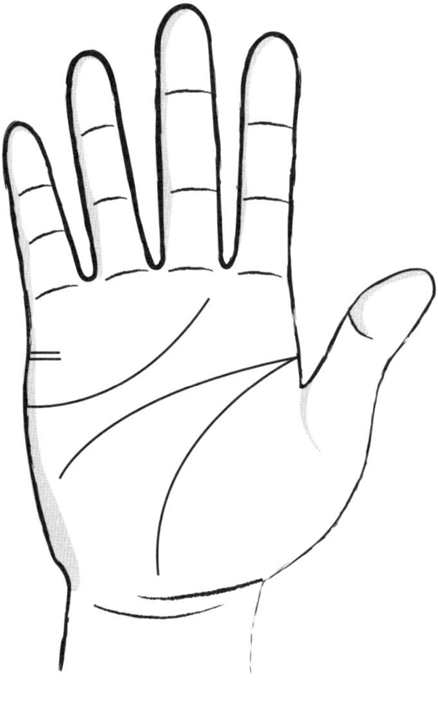

有多條婚姻線

有多條婚姻線，並不一定代表有多段婚姻，反而代表心意不定，沒有一段特別深刻的感情可以發展至結婚。即使勉強結婚，最終亦會見異思遷，變成結婚後離婚，離婚後結婚，變成多段婚姻。

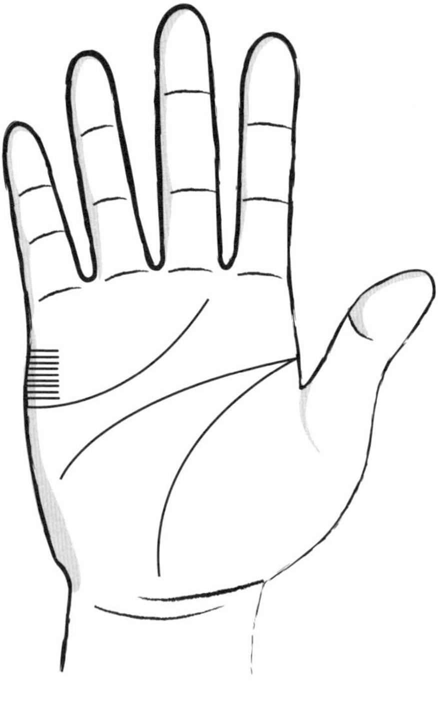

婚姻線雖多，但沒有一條明顯主線

婚姻線淺而短，代表其人沒有結婚觀念，亦沒有一個覺得值得結婚的對象。勉強結婚的話，亦難得到幸福，即使不離婚，也只會落得夫妻貌合神離，同牀異夢。

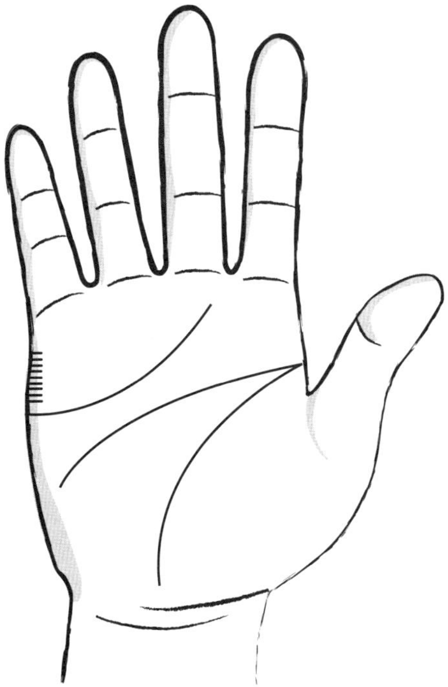

婚姻線中途折斷

婚姻線中途斷裂分離，代表會有生離死別；有着這樣的婚姻線，代表感情難以維持到老。

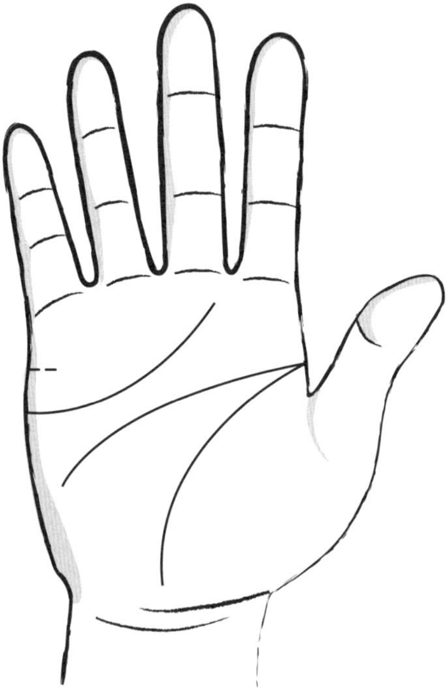

婚姻線有島紋

婚姻線有島紋，代表感情會出現障礙，但最終能否衝破困難，走在一起，就要觀察島紋的所在位置。

A——婚姻線有島紋出現在起點處，代表這段婚姻或感情在開始時，會遭遇極大的困難，但最終都能衝破障礙，走在一起。

B——婚姻線中斷出現島紋，則代表感情發展至中段時會出現風波，或有第三者介入，但最終都能把問題解決。

C——婚姻線末端出現島紋，代表感情會出現問題，而此問題最後都不能解決，只好以分手告終。

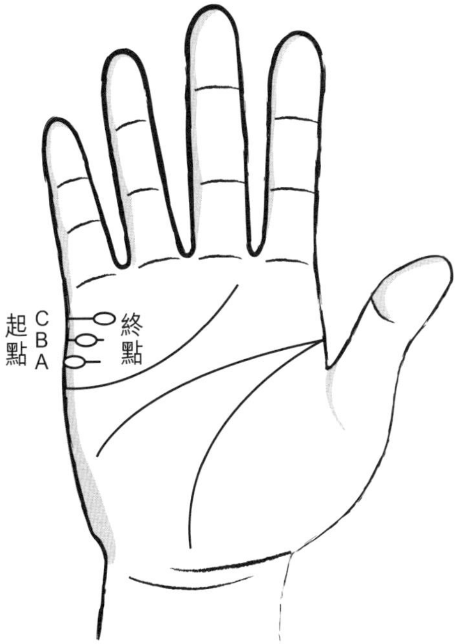

婚姻線為連串之島紋

婚姻線由連串之島紋組成，代表其人一生在感情上難以得到幸福，不論在感情發展初期或在戀愛期間，都容易遇到波折，不是雙方感情遭到第三者破壞，就是情人無故分離。有着這種婚姻線的人，可嘗試發展不正常之感情，或可免於此苦。

男性不正常感情是，與比自己年紀大或小十年以上、曾結婚離婚的及異地情緣皆可。

女性的不正常感情是，與年紀比自己大十年以上，或比自己小、曾結婚離婚的及異地情緣皆可。

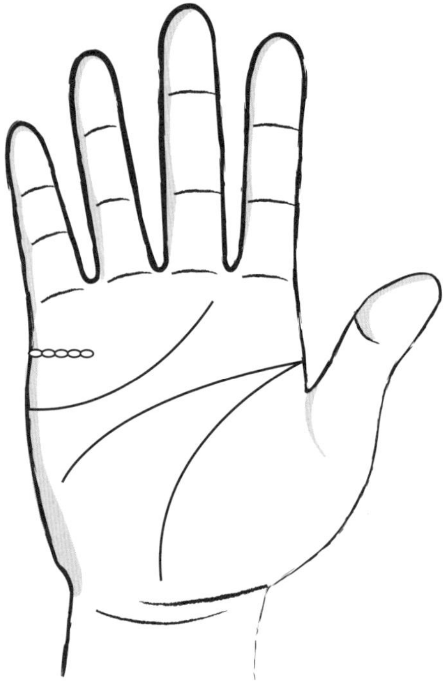

婚姻線線尾分開

婚姻線線尾分開，是一個分離的記號。

有此線紋者，雖不一定會離婚收場，但至少會在婚後出現意見不合或分居異地的情況。

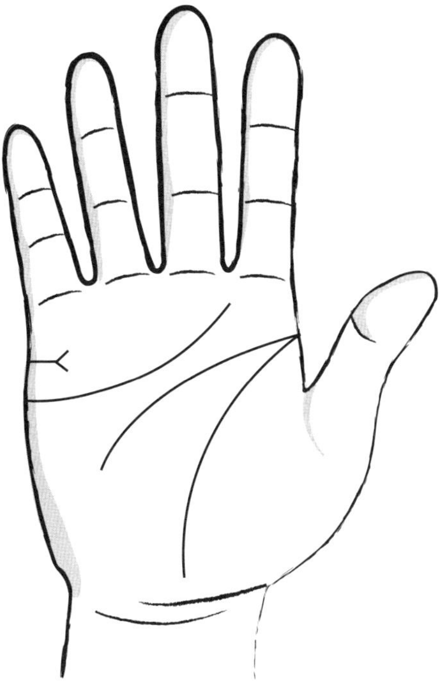

（八）金星帶

金星帶位於手指基部、感情線之上，有時是一條清楚橫過、與感情平行的線紋；有時只是呈一堆亂線之狀。

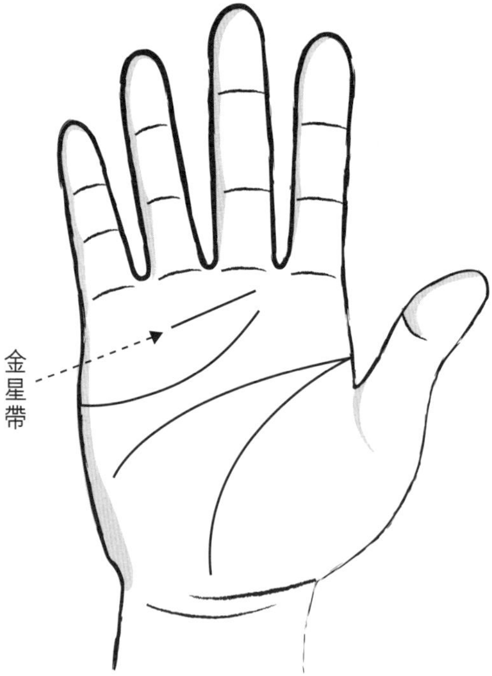

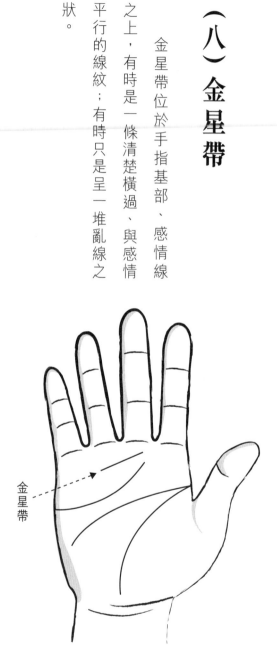

擁有清楚明顯的金星帶者，在感情方面擁有非常準確的第六感，從第一眼看見對方，便知道對方對自己有否意思，所以很少會錯過感情，而感情生活自是較為精采。

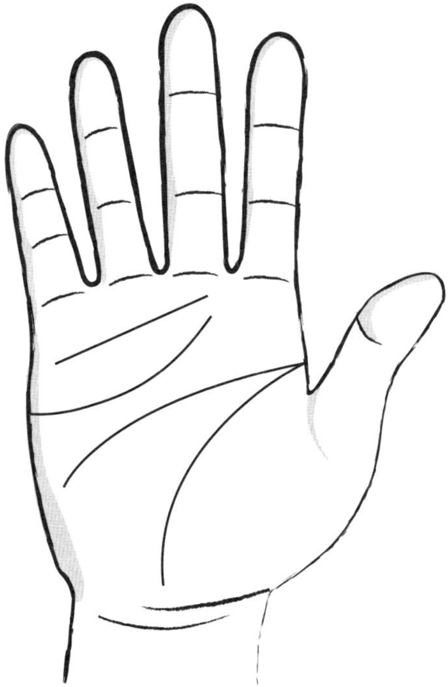

完全沒有金星帶的人，對感情缺乏敏感度，即使身邊的人對其有意思，作出暗示，也不會察覺。當別人見她沒有回應，便會覺得她對自己沒意思而停止追求，因而不斷錯過感情。這類人常常會對身邊的朋友埋怨自己缺乏追求者，卻不知道自己根本沒有覺察身邊的追求者，這種情況一般發生在女性身上。畢竟不論中外，都是男方對女方展開追求的機會較大；如轉過頭來由女方主動追求，則不論明示、暗示，多蠢的男性也會察覺到吧！

相反，金星帶多重而且混亂，就代表其人在感情方面極度敏感，在感情上容易有神經過敏之象，常常自作多情，覺得身邊很多人對自己有意思。

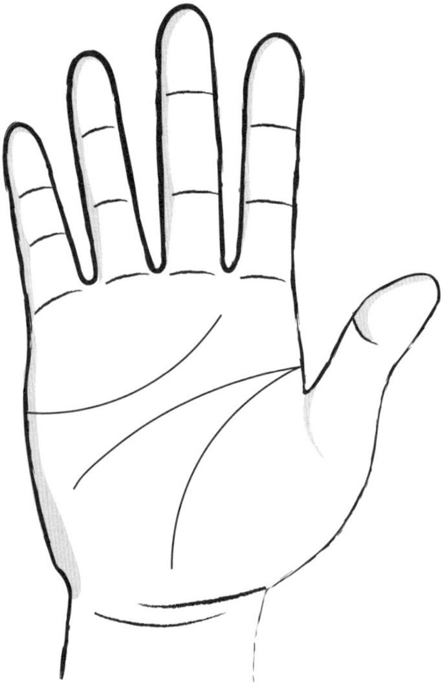

金星帶清而長

金星帶清而長，是一條良好的金星帶，主其人對感情具有敏銳的觸覺，很容易覺察身邊對自己有意思的人，且自己亦能控制感情，對沒有意思的人加以婉轉拒絕，不會令到別人難堪。

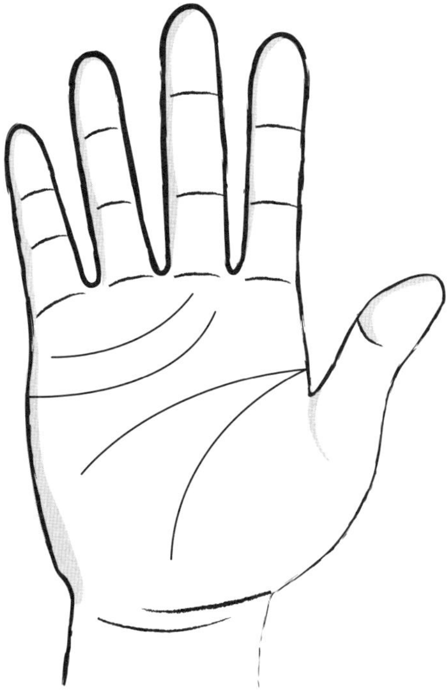

金星帶多重但不亂

金星帶較短且呈片狀，但沒有重疊不清的話，代表其人對感情之事感覺敏鋭，容易感覺到身邊對他/她有意的人，而採取的態度是來者不拒。

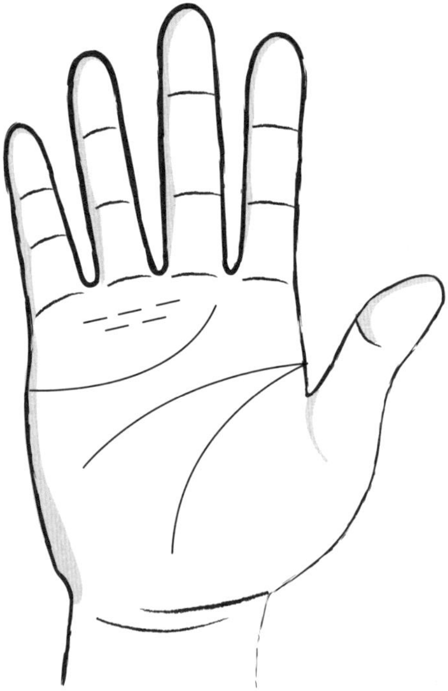

金星帶多重而且混亂

金星帶多重而混亂，代表其人情慾敏感，甚至會沉溺在情慾中。這類人滿腦子都是性幻想，如拇指長度不合格，中指又呈彎曲狀，則容易在思想不能控制自己的行為時，做出越軌行為；嚴重者會變成色情狂、色魔。

不良的哲學型掌便容易出現此等混亂的金星帶。這種掌型大多都是拇指短小，長度僅及食指基部之基緣。而拇指短小的人，做事往往沒有決心，總是流於空想，而不敢亦不會付諸行動。

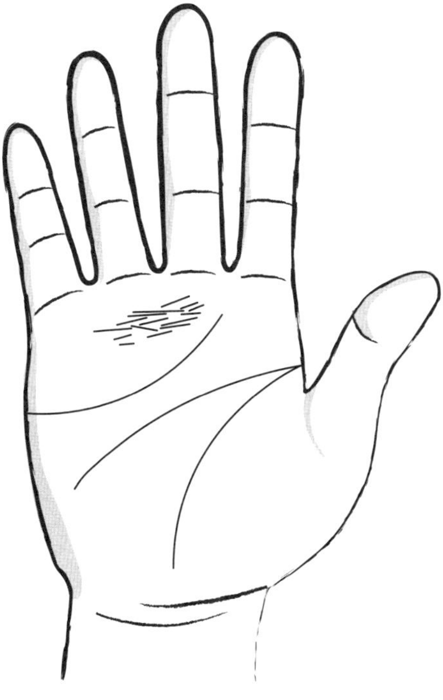

金星帶在食指基部，長度不及一吋

金星帶在食指基部伸出，長度不及一吋的話，則與情慾並無關係，反而與學習有關。

擁有這條金星帶者，一生愛好學習，不論年紀多大都會鍥而不捨地追求新知識，故亦可名為「學習金星帶」。如果在尾指基部再有一短小的支線伸出，則此代表會更為確切。

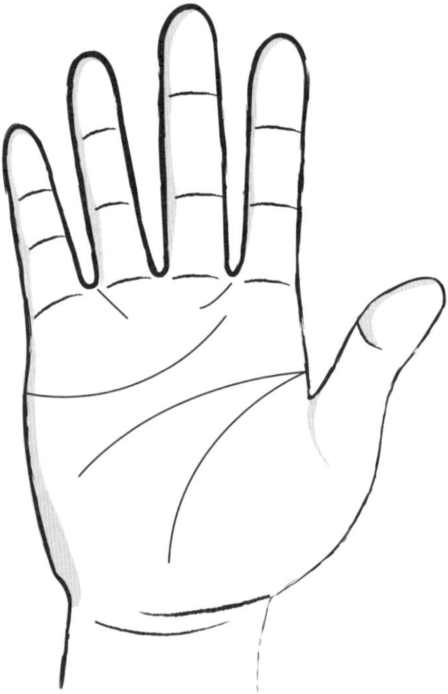

（九）姊妹線

姊妹線又稱「金星線」，屬生命輔助線，代表其人在生命遇到危險時，會出現逢凶化吉之象。但有此線者，亦代表容易遇到生命危險。

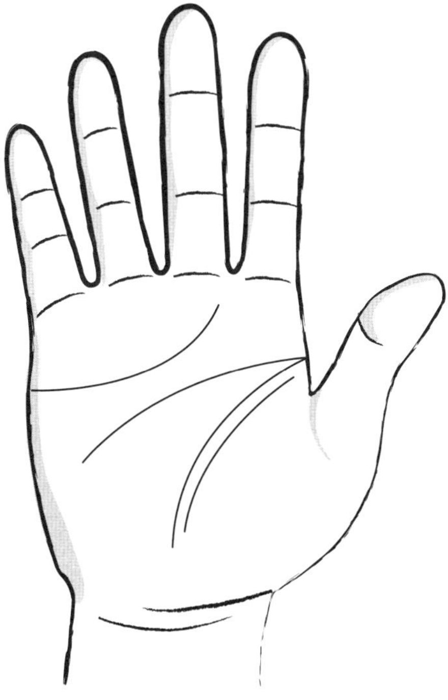

短小的姊妹線（癡情線）

姊妹線從生命線之起點平行而出，長度較短，並非名為「生命輔助線」，因這條線與生命危厄無關，反而與感情之事有關，故可名為「癡情線」。

擁有此線的人，總是對初戀情人久久不能忘懷，即使日後再遇上新戀人，亦喜歡與舊戀人作比較，常常覺得新戀人不及舊戀人好。

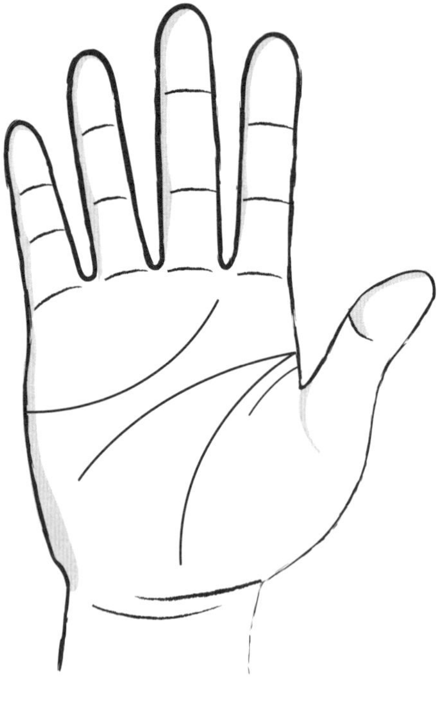

極短小的姊妹線

此短紋比癡情線還要短，但無以名之。

凡有此短紋的人，自小有一段時間會與家人分居，成長過程中不是跟父母同住。但因此線與癡情線極為相似，所以可能有着雙重的意思。

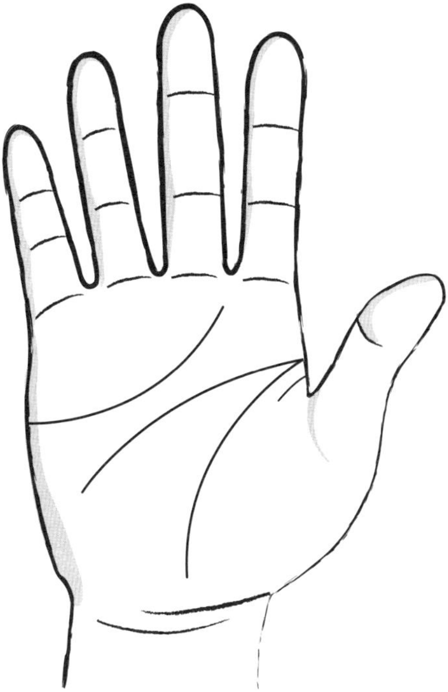

（十）旅遊線

旅遊線位於手掌之邊緣位置，靠近太陰丘。

太陰丘代表不穩定，愛變動，故出現在此部位之線紋愈多、愈長，就代表其人愈愛變動，不能過着刻板的生活，而最容易作出之變動，莫過於旅遊或在一個陌生的地方生活一段時間。因此，將太陰丘邊緣之線稱為「旅遊線」就最貼切不過。

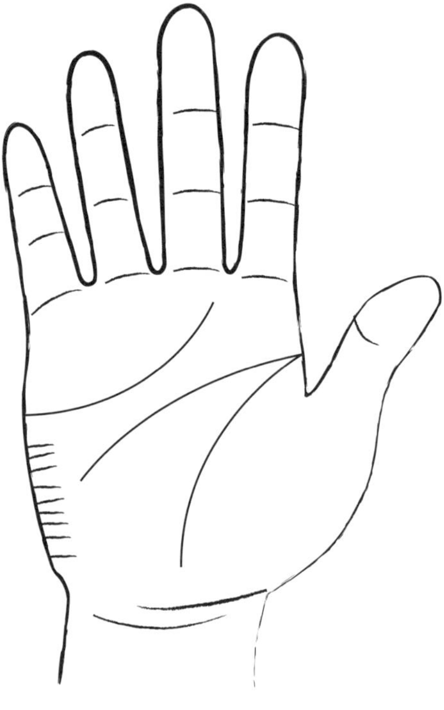

沒有旅遊線

沒有旅遊線的人，不大喜歡變動，反而喜歡極安穩的生活，最好每天如常生活在自己熟悉的環境之中。故其人不單止不喜歡旅遊，甚至連搬屋也不喜歡，即使非不得已要搬遷，也希望可以繼續在原區居住。

所以，如因業務關係，常常要往外地跑的話，對這種人來説可以説是苦差。

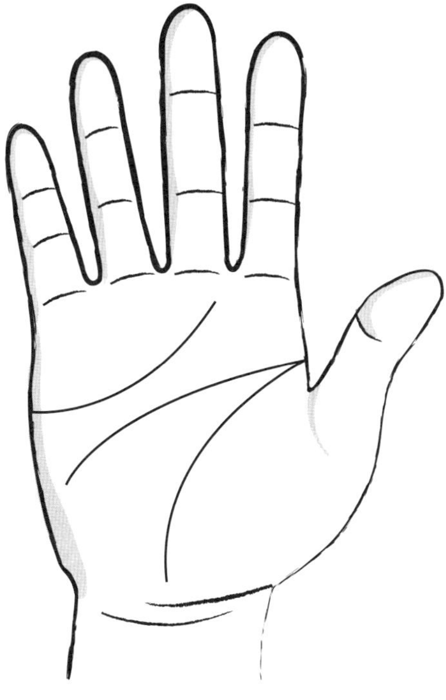

旅遊線淺短

旅遊線淺而短，代表其人雖然喜歡旅遊，但不能夠長期在異地過生活，故只能作短途旅遊，而一個星期以內的短線旅遊，最為適合。

事實上，這類人一旦到外地超過兩個星期，就會極度想家，甚至生病。

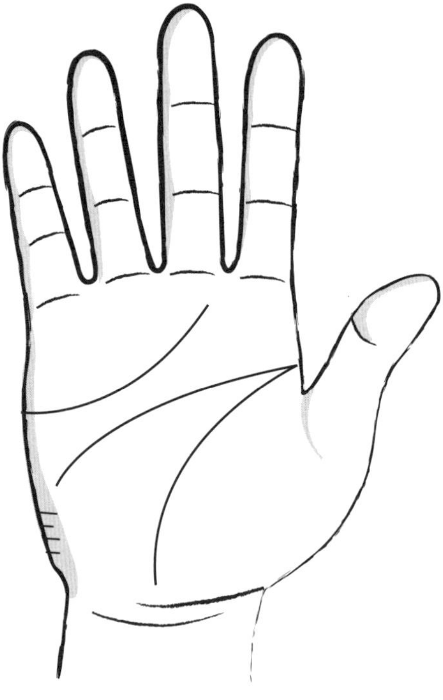

旅遊線深長但少

旅遊線深長但不多，代表其人不是太熱衷旅遊，有機會去便去，沒有機會便作罷，一切順其自然。

但因旅遊線深而長，故可作較長的旅遊，即使去三數個月或到外地浪流，亦覺得沒有甚麼大不了。

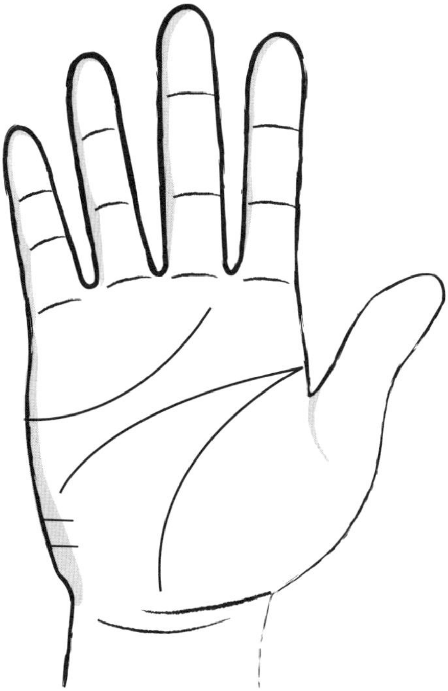

旅遊線深長而多

旅遊線深長而多，代表其人極喜歡旅遊。剛從別的地方回來，馬上又會計劃下一次旅行要去甚麼地方。即使只是一個週末假期，也喜歡在異地度過，是一個極端的旅遊愛好者。

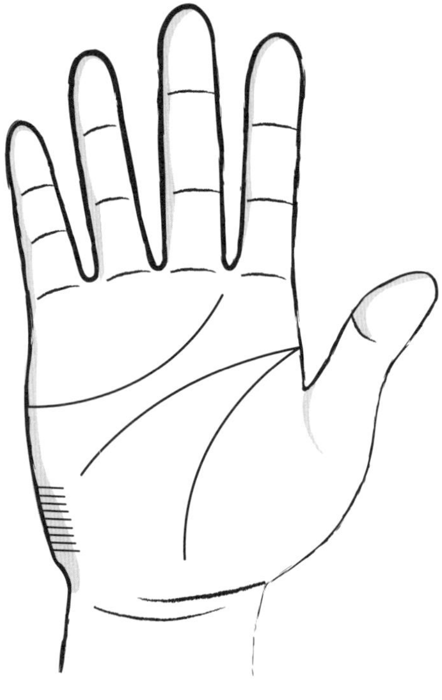

（十一）移民線

移民線是從生命線分出來的支線，線尾會指向太陰丘的位置，而太陰丘代表變動，故可說成生命會出現一種很大之變動。大變動莫過於移民他處，而此線正好具有這個意義。

移民線代表有移民的機會，但不一定會移民。

如此線出現在先天手，代表移民會發生在三十歲前，但因現今社會出

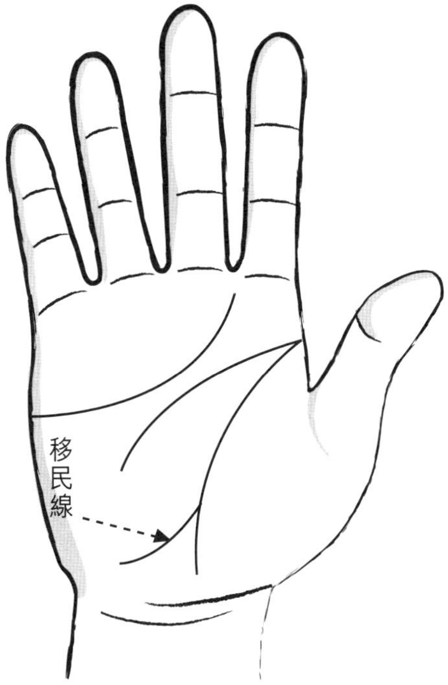

國留學者眾，故先天手有移民線的人，亦可能代表會到外地留學，但當然亦可代表三十歲以前移居外地。

後天手有移民線，代表移民機會會出現在三十歲以後，但到底會在外地長久居留至終老，還是居住一段時間就會返回故鄉，抑或在晚年時會回到故鄉準備終老？這就要進一步觀察此移民線之走向了。

異鄉終老之移民線

移民線出現在後天手（即常用之手，而一般人慣用右手，所以多以右手為後天手），長而向外，伸延至太陰丘，甚至到掌邊位置，即為異鄉終老的移民線。

凡有此線者，均代表移民外地之後，回歸故鄉的機會不大。

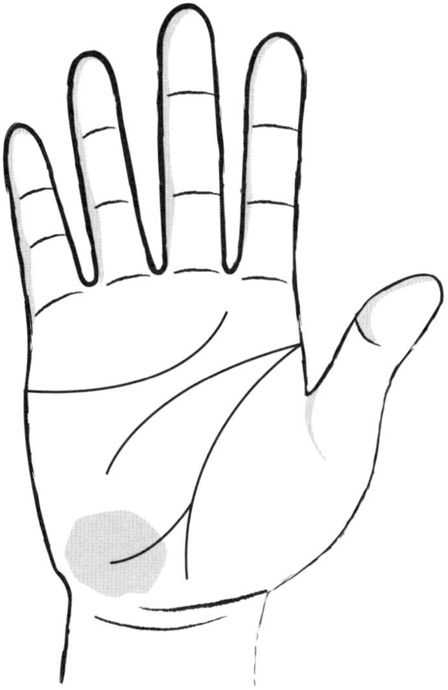

外地居住的移民線（外地居住線）

生命線生出一條或多條稍長的支線，但長度又未達至太陰丘或掌邊位置，就可稱為「外地居住線」。

凡有此線的人，皆代表一生常有在外地居住一段時間的機會，線紋愈多，次數愈頻密。

不過，這並不代表會移民外地，大多都是因求學或工作關係，而常常到不同的國家居住一段短暫的時間，短則三數月，長則三數年。

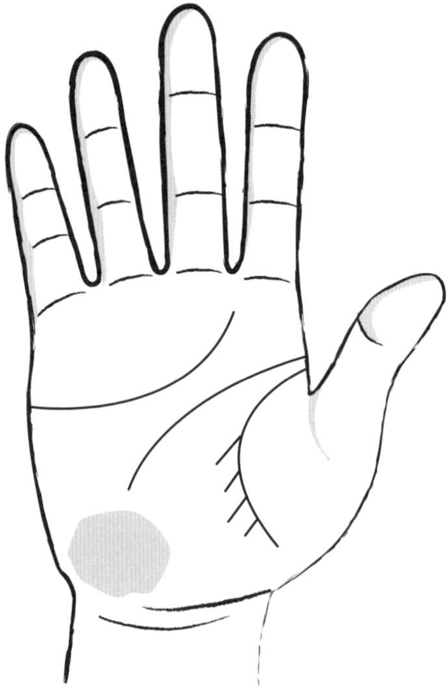

移民線淺而不清

移民線淺而不清，代表其人有移民外地居住的機會，但本人去外地居住或移民的意願不大，即使有移民機會亦不太願意離開。

在這種情況下，移民線會自然慢慢變淺，甚至消失，而這現象大多會出現於左手。

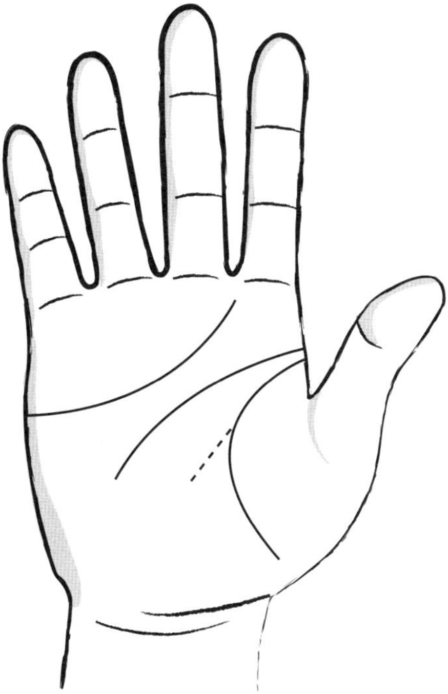

回故鄉終老之移民線

移民線向外伸延後，尾部卻向金星丘回彎，代表就算一生在外地居住，但在百年之時，亦會回到出生地居住，在故鄉終老。

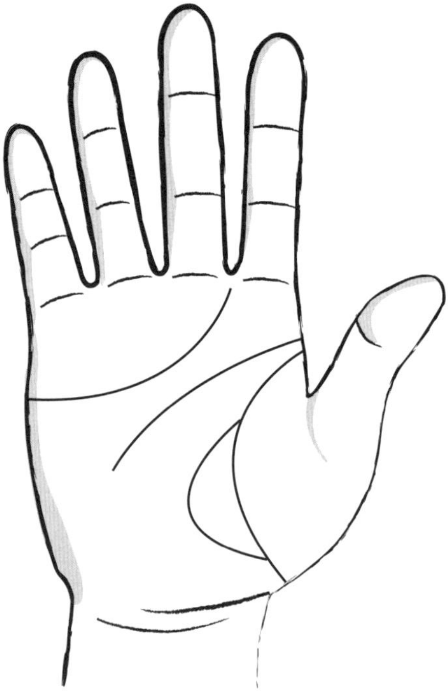

（十二）上升線

上升線指所有向上的線紋。生命線有生命線的上升線，頭腦線有頭腦線的上升線，其他如感情線、事業線、太陽線、水星線等，皆有上升線出現，而上升線大致都能增加線紋的力量，且作用大多是正面的。

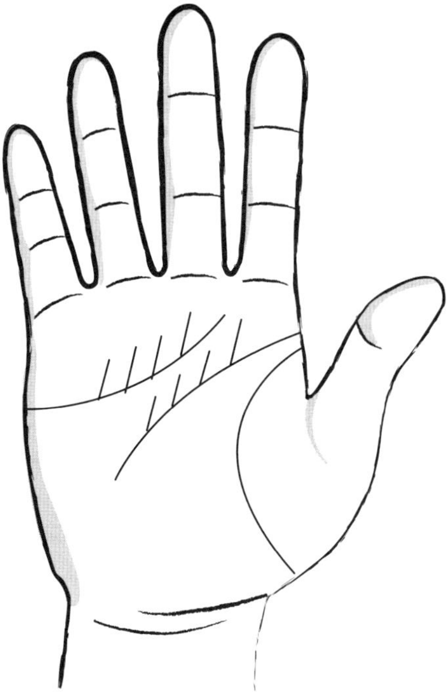

木星丘上的上升線

木星丘上的上升線，有時會起自頭腦線起點，有時會起自生命線起點，但線尾都是指向木星指（食指）的基部。有人稱此線為「奮鬥線」，代表奮鬥心強；但如果以為有這線紋便代表事業會成功，能闖出大事業，這樣便大錯特錯。

筆者從事這行那麼久，看過無數人有此線，大約三個人便有一位有此上升線，但世界上怎可能每三人便有一人成功呢？其實，凡見此上升線，只可判斷其人有上進心，做任何事皆要做得比別人好，亦可以説其人好勝心強，但好勝心強又是否一定能夠成功呢？所以只能説，掌中見上升線之人，均具上進心。

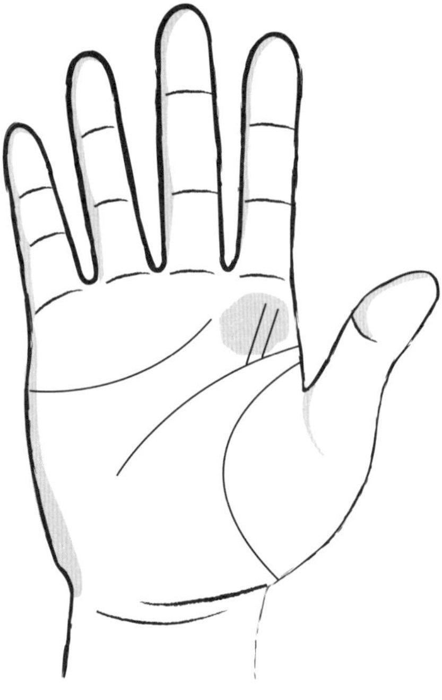

生命線上的上升線

生命線上有一條或多條支線伸出而向上，為生命線上之上升線，有加強體質之作用。

若本身生命線形狀不佳，線紋不清，本代表體弱多病，但有上升線則能產生正面作用。

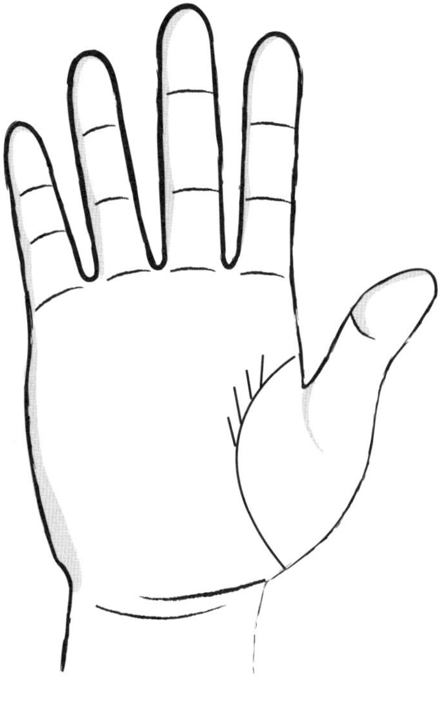

頭腦線上的上升線

上升線從頭腦線上伸出向上，有加強思考力、腦力的作用，對頭腦線不清晰者起着正面的作用。

如果本身頭腦線已經深、長而清晰，再加上此上升線的話，不難擁有超乎常人的智慧。

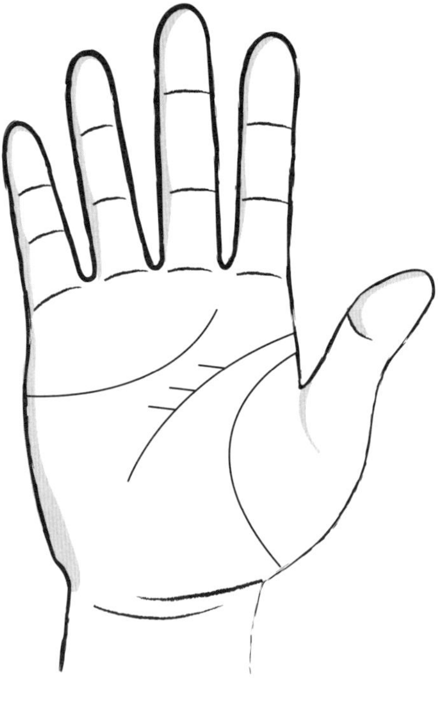

感情線上的上升線

感情線上的上升線，能對愛情及友情產生正面作用，使感情得以進展得更順利。如果感情線本身夠長，而向上指向木星丘，則更為確切。

即使感情線長度不及中指及食指的中間位置；或感情線線尾向下，指向生命線的起點，但只要有上升線，也可以作為一條正常的感情線去判斷。

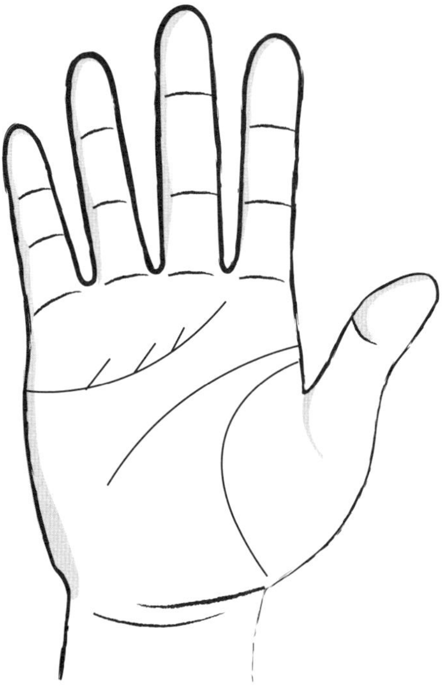

（十三）影響線

手掌上出現橫向的線，稱為「影響線」。影響線愈多愈長，其負面影響便愈大；影響線愈短愈少，則負面影響愈小。

影響線主要是對心理、情緒的影響。影響線愈多，就愈會覺得自己懷才不遇，不受重用，即使付出了很大的努力，也得不到應有的回報。

影響線大多出現在先天手上，因很多人在三十歲前大多不通世情，總以為一分耕耘會有一分收穫；但當每次努力耕耘後，發現收穫有時不成正比例時，內心就會感覺不平衡。在這種情況下，影響線便會慢慢一條一條的長出來。當然，如果你是少年得志的話，自然另當別論。

在三十歲以後，很多人慢慢會看透世情，或事業會慢慢地建立起來，懷才不遇的感覺亦會逐漸減退，所以後天掌較少出現深長的影響線。

如果你發現左右兩手同樣出現深長的影響線，一生常覺得自己懷才不遇，那你便要仔細想一想，究竟是你懷才不遇，還是自己真的沒有才幹呢？

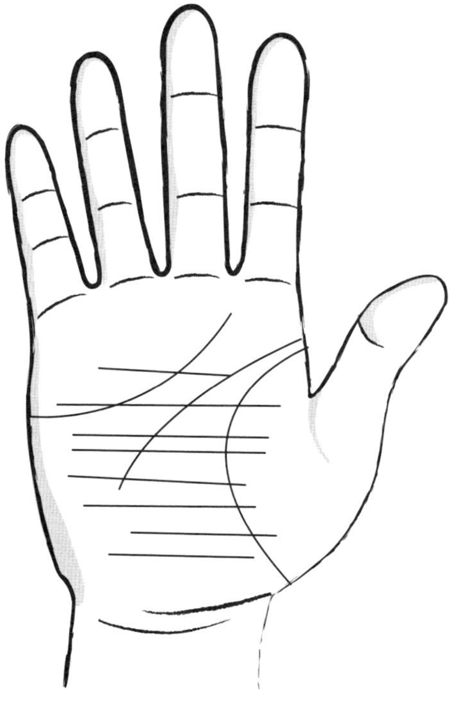

（十四）同情線

同情線是在木星丘上指向中指的線。有人只有一或兩條，亦有人有五、六條之多。同情線愈多，代表其人愈有同情心，但過多過長則意味着其人有同情心氾濫之情況，以致容易受騙——可能人家稍裝可憐，他／她就會毫不猶疑地幫助別人，被騙了也不自知。

一般而言，同情線在先天掌會較為明顯，但隨着社會閱歷日深，對人提防心漸重，就不會再滿腔熱誠、無條件地幫助別人，故後天掌之同情線一般會較少及較淺。

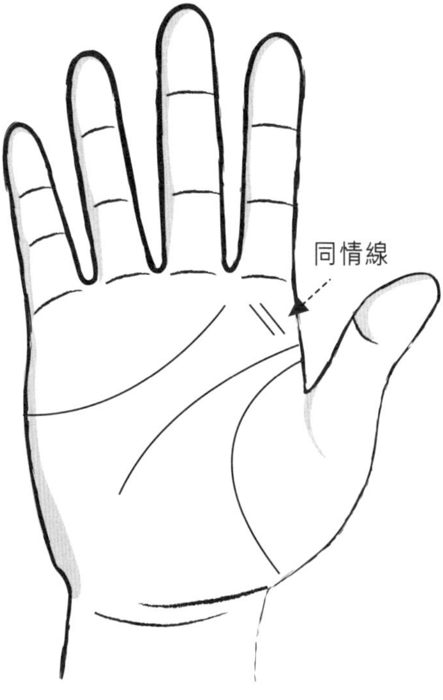

（十五）小人線

小人線位於上火星丘處，而火星丘代表爭鬥，故火星丘上如有橫線的話，則會加強火星丘的爭鬥心。掌中有小人線之人，爭鬥不絕，小人自多，故此線才被名為「小人線」。

在先天掌見此線，代表三十歲前小人是非不絕；在後天掌出現，就代表三十歲後小人是非不絕。當然，如先後天掌同樣出現小人線的話，便代表一生小人是非不斷了。

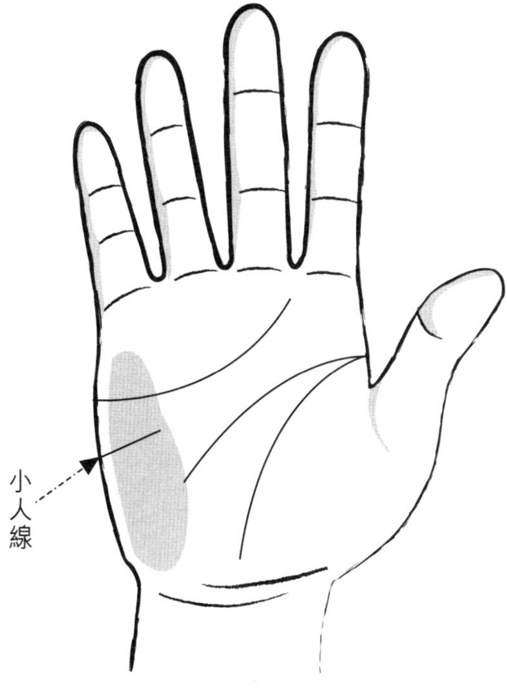

（十六）手頸線

手頸線是手掌基部以下、手掌與手肘的交匯處之橫向線紋。

手頸線主要用來察看腎、膀胱、泌尿系統是否正常——清晰不斷，代表泌尿系統正常；斷續、不清、見島紋連綿不斷，則代表泌尿系統出現問題。

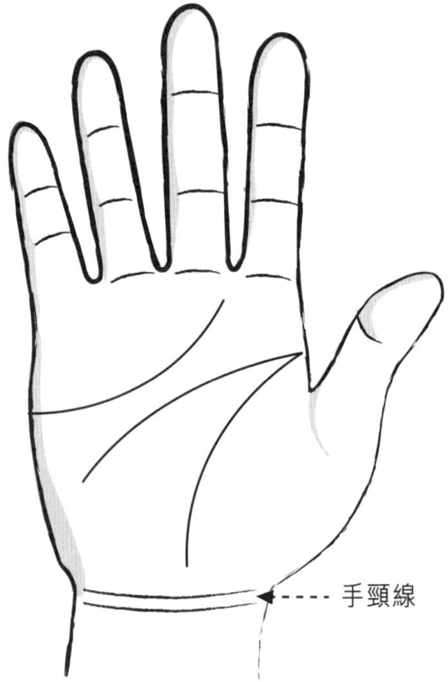

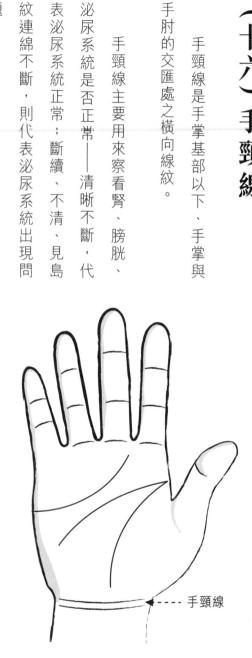

（十七）放縱線

放縱線位於手頸線以上，橫向切過生命線。有此線紋之人，為人任性放縱。如掌型手指良好的話，就代表其人只是較為任性一點，不愛受父母管束；但如掌型不佳、中指歪曲、拇指弱小，則容易受朋友影響，染上不良習慣，如酗酒、吸毒，或因酒色過度而引致健康出現無法補救之病患。

除了以上之主要線及次要線外，其他還有十字紋、星紋、三角紋、島紋、網紋、黑點、圓環紋等，由於篇幅所限，唯有記於《掌丘掌紋篇》及《掌紋續篇》，望各位讀者見諒。

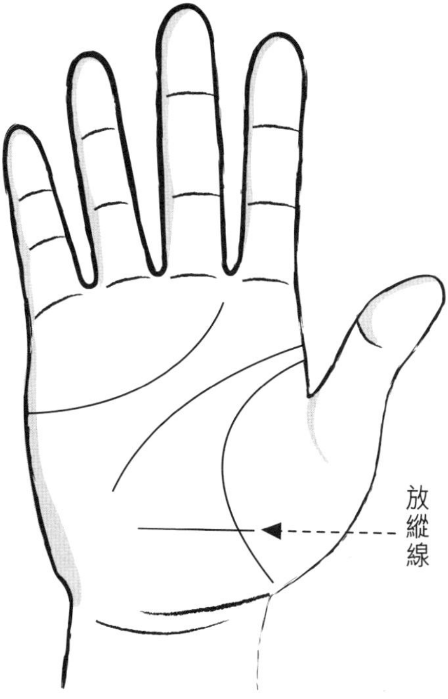

觀掌知心入門篇

作者
蘇民峰
策劃 / 編輯
吳惠芳
美術設計
Nora
插圖
李國雄
出版者
圓方出版社
香港北角英皇道 499 號北角工業大廈 20 樓
電話：2564 7511
傳真：2565 5539
電郵：info@wanlibk.com
網址：http://www.wanlibk.com
http://www.facebook.com/wanlibk

發行者
香港聯合書刊物流有限公司
香港荃灣德士古道 220-248 號荃灣工業中心 16 樓
電話：2150 2100
傳真：2407 3062
電郵：info@suplogistics.com.hk

承印者
中華商務彩色印刷有限公司
香港新界大埔汀麗路 36 號

規格
32開(216mm X 143mm)

出版日期
二〇一八年十二月第一次印刷
二〇二四年二月第二次印刷

Published in Hong Kong, China by Forms Publications,
a division of Wan Li Book Company Limited.
ISBN 978-962-14-6931-1